Über dieses Buch

Dieses Buch widmet sich dem Pendeln in Verbindung mit Meditation und Hypnotherapie.

Pendeln bietet uns die Möglichkeit, ganz tief zu entspannen und zu uns selbst zu finden. Auf diese Weise können wir unser übliches Kopfkino abschalten. Wir versenken uns, finden zur Ruhe und schaffen Platz für tiefere Einsichten. Beim Pendeln können nachhaltigere Lösungen, die im Unbewussten schlummern, buchstäblich greifbar werden.

Das Buch enthält – neben einfachen Einführungs- und Grundübungen – geführte Tiefenmeditationen sowie zahlreiche Pendeltafeln zu Fragen der Selbsterkundung und zur besseren persönlichen Orientierung.

Über die Autorin

Susanne Peymann ist Psychotherapeutin in Berlin. Seit vielen Jahren arbeitet sie beruflich und privat mit „intuitiven Künsten" wie dem Tarot-Kartenlegen und dem Pendeln. Ihre Bücher haben eine sechsstellige Auflage erreicht und wurden in verschiedene Sprachen übersetzt. Bei Königsfurt-Urania erschienen von ihr u. a. die Titel *Pendel-Box. Für Einsteiger (Pendeln – spirituell und praktisch)* sowie *Crowley-Tarot, Entdecke die Kraft in dir* (als Buch separat und im Set mit Karten erhältlich).

Susanne Peymann

Entdecke dich selbst

Das Pendelset

KÖNIGSFURT-URANIA

Hrsg. von Johannes Fiebig

Die in diesem Buch enthaltenen Informationen und Ratschläge wurden von der Autorin sorgfältig recherchiert und geprüft. Eine Garantie kann dennoch nicht übernommen werden. Die Informationen und Ratschläge sind außerdem nicht dazu gedacht, die Beratung durch einen Arzt oder Therapeuten zu ersetzen, sofern eine solche angezeigt ist. Eine Haftung der Autorin oder des Verlags ist ausgeschlossen.

Bibliographische Information der Deutschen Nationalbibliothek
Die Deutsche Nationalbibliothek verzeichnet diese Publikation in der Deutschen Nationalbibliographie; detaillierte bibliographische Daten sind im Internet über http://dnb.d-nb.de abrufbar.

Originalausgabe
Krummwisch bei Kiel 2019

D-24796 Krummwisch
www.koenigsfurt-urania.com · www.tarot-online.com

Umschlaggestatung: Jessica Quistorff unter Verwendung folgender Motive von Adobe Stock „Fortune telling, magic scene" © Sonja Birkelbach
Bilder: S. 23 f.: © Tryfonov, S. 38: © DreamcatcherDiana,
S. 43 f. + S. 50 ff. © Sonja Birkelbach – alle AdobeStock. com
Lektorat: Dr. Jennifer Lorenzen-Peth
Satz und Layout: Antje Betken, Oldenbüttel
Druck Buch: Finidr s.r.o.
Printed in EU

ISBN 978-3-86826-776-1 (Set: Buch und Pendel)

Inhalt

Zum Geleit

Wie Sie dieses Buch nutzen können

Willkommen zu diesem Buch **Entdecke dich selbst** *mit dem Pendel!* Hier geht es um Reisen in innere Tiefen, um Tiefenentspannung und um einen Dialog mit dem Unbewussten, mit tieferen Schichten der Seele, der zu neuen, spannenden Erkenntnissen führt.
Dabei wird auch auf Hypnose und Selbsthypnose Bezug genommen. Obwohl Pendeln und Hypnose im Grunde „natürliche Verbündete“ sind – beide besitzen ähnliche Vorgehensweisen, vergleichbare Fragestellungen und haben ähnliche Erfolge aufzuweisen –, so stellt das vorliegende Buch eines der ersten dar, das auf die Parallelen zwischen Pendeln und Hypnose/Selbsthypnose hinweist und sich diese zunutze macht.

Das Buch bietet Ihnen vier Teile, die Sie auch einzeln lesen und nutzen können:

Ab Seite 8 Zunächst finden Sie eine Einführung in das praktische Pendeln – für Einsteiger und Fortgeschrittene.

Ab Seite 22 Der zweite Teil zeigt Ihnen, wie das *„geistige“* oder *„freie“ Pendeln* funktioniert. Hier finden Sie spannende Übungen zur Tiefenentspannung, zur meditativen Versenkung mit dem Pendel sowie zur Selbstentdeckung und zum Kontakt mit der „inneren Kreativitätswerkstatt“.

Ab Seite 36 Der dritte Teil präsentiert Ihnen einiges Wesentliche über Hypnose und Selbsthypnose und deren Verbindung zum Pendeln. Hier geht es darum, wie sich Pendeln und Hypnose/Selbsthypnose gegenseitig befruchten können.

Ab Seite 49 Der vierte Teil bietet Pendel-Tafeln zum Thema **Entdecke dich selbst** unter der Leitlinie: „Was möchtest du mit Tiefenentspannung und Selbsthypnose bearbeiten?“

Bleiben Sie in Bewegung und in guter Schwingung.
In diesem Sinne viel Freude beim Pendeln,

Ihre Susanne Peymann

Pendeln Du weißt mehr, als du denkst

Grundlagen und Praxistipps

Pendeln hilft, Unsichtbares sichtbar zu machen

Mit dem Pendeln haben Sie ein faszinierendes Werkzeug an der Hand, von dem Sie vielfältig profitieren können. Pendeln ist ein Weg zu Entspannung und Achtsamkeit. Wie mit Meditationen, mit Fantasiereisen und aktiven Tagträumen, so können Sie auch mit dem Pendeln dem Alltagsstress wirkungsvoll begegnen, Ihr Immunsystem stärken und neue Energiereserven mobilisieren, indem Sie Ruhe finden, „durchschnaufen“ und buchstäblich wieder ins Lot kommen. Gleichzeitig – das ist eine wunderbare Erfahrung – erwachsen Ihnen aber auch neue Ideen und neue Kräfte, weil Sie ganzheitlich vorgehen und die Weisheit tieferer seelischer Erfahrungsebenen gelten lassen. Pendeln ist eines der bewährtesten Mittel des Dialogs mit dem Unbewussten.

Pendeln funktioniert durch Stille und Aufmerksamkeit. Es bewirkt eine innere Versenkung, es öffnet eine Treppe in seelische Tiefen. Pendeln ist wie ein Träumen im Wachzustand – eine kreative, ergebnisoffene Träumerei, die Sie bewusst einleiten, erleben und auch wieder beenden können. Eben darin gleicht das Pendeln der Hypnose und Selbsthypnose.

Für mich ist das Schönste am Pendeln: die kleine Auszeit, die man sich jedes Mal beim Pendeln gönnt; die Ergebnisse des Pendelns, die mir bei großen und kleinen Fragen schon oft konkret geholfen haben; und nicht zuletzt diese Neugier, dieser Spannungsfaktor beim Pendeln.

Hierin kommt etwas sehr Wichtiges zum Ausdruck: Für unsere Fragen, Sorgen und Wünsche gibt es oft auch unerwartete Antworten! „*Der Verstand kann uns sagen, was wir unterlassen sollen, aber das Herz kann uns sagen, was wir tun müssen*" (Joseph Joubert). Darum geht es auch beim Pendeln: die Stimme des Herzens (besser) zu vernehmen und auszudrücken.

Machen Sie sich bereit zu neuen Erfahrungen

Beginnen wir mit dem Praktischen.

Sie können sich ein Pendel selbst herstellen oder im Handel kaufen. Grundsätzlich kann man mit allem pendeln, was sich an einen Faden oder eine Kette hängen und in Schwingungen versetzen lässt.

Pendeln hilft zu neuen Lösungen: Da, wo man im Alltag zunächst nicht weiterkommt, baut man sich eine Brücke durch die Kraft der Selbstversenkung und die Kraft der Schwingung, dadurch, dass Sie Ihre tiefersitzenden Erfahrungen und Eindrücke mit dem Pendel ausloten. So zeigen sich beim Pendeln neue Wege. Die probieren Sie aus. Und dann tun sich auch im wirklichen Leben neue Möglichkeiten auf.

- Sie brauchen zunächst „nur“ Neugier und einen gewissen Mut zum Pendeln – den Mut, sich auf das einzulassen, was nun zum Vorschein kommen wird. Und den Mut, den Eingebungen und Einfällen aus dem Unbewussten mit Offenheit und Interesse zu begegnen.
- Übung und Erfahrung bekommen Sie, wenn Sie oft mit dem Pendel arbeiten. Machen Sie sich zunächst mit einem Pendel oder vielleicht mit mehreren Pendeln vertraut und probieren Sie sie aus.
- Schaffen Sie ein geeignetes Umfeld. Beim Pendeln sollten Sie ungestört bleiben. Das heißt: Schalten Sie Telefon und Fernsehen aus. Wenn Ihnen dringende Aufgaben einfallen, erledigen Sie sie zuerst oder schreiben Sie sie sich zunächst auf.
- Vielleicht möchten Sie auch eine schöne entspannende Musik auflegen?
- Wärmen Sie Ihre Hände, wenn Ihnen danach ist.
- Räumen Sie alle überflüssigen Gegenstände vom Arbeitstisch; legen Sie nur die Gegenstände auf den Tisch, mit denen Sie arbeiten wollen, das Pendel, bei Bedarf bestimmte Pendeltafeln, eventuell ein Objekt, das ausgependelt werden soll.
- Wichtig ist es dann, unverkrampft und aufrecht zu sitzen, stellen Sie beide Füße auf den Boden. Halten

Sie Ihr Pendel locker in der Hand. Schlagen Sie beim Sitzen nicht die Beine übereinander. Beim Pendeln ist es gut, wenn wir uns erden und beide Füße auf den Boden stellen, damit die Energie fließt.

- Schließen Sie die Augen und atmen Sie eine Zeit lang ruhig ein und aus. Der innere Kontakt ist hergestellt, wenn Sie Wärme durch Ihren Körper fließen fühlen.
- Manchmal kommt es vor allem darauf an, innerlich loszulassen, zu Ruhe und Besinnung zu kommen, sich zu entspannen und sich selbst wieder zu spüren. Dann ist diese Vorbereitung aufs Pendeln eigentlich auch schon ein wichtiger Teil des Pendelns selbst.
- Manchmal suchen wir jedoch Antworten für Fragen, Sorgen oder Wünsche, die uns beschäftigen. Dann ist es wichtig, sich vor dem Pendeln zu entspannen und sich im nächsten Schritt gut zu überlegen, welche Frage man ans Pendel stellen möchte und wie man sie am besten formuliert. *Mehr dazu weiter unten.*

Mit welcher Hand?

Hierüber sind auch Experten unterschiedlicher Meinung: Meist wird die Schreibhand, also für Rechtshänder die rechte Hand und für Linkshänder die linke Hand, empfohlen. Doch es kann auch reizvoll sein, um den Kontakt mit dem Unbewussten zu fördern, gerade die andere Hand (nicht die Schreibhand) zu benutzen.

Meistens stellt es sich einfach durch Übung in der Praxis heraus, mit welcher Hand man am besten pendeln kann. Es gibt keine zwingenden Vorschriften. Natürlich kann man auch abwechselnd mit jeder Hand pendeln.

Die Haltung des Pendels

Eine übliche Pendelkette ist etwa 20 Zentimeter lang. Die eine Hälfte der Kette wird für die lose Haltung in der Hand (vom kleinen Finger bis zum Zeigefinger mit Daumen) gebraucht. Etwa 10 cm sollte der frei schwingende Teil der Kette oder des Fadens sein. Für den Anfang ist es besser, das Pendel etwas kürzer zu halten. Das Pendel soll so gehalten werden, dass es sich ungehindert bewegen kann.

2-Finger-Technik, Standard

Halten Sie den Faden oder die Kette gut, jedoch entspannt, zwischen Daumen und Zeigefinger fest und lassen Sie das Pendel „locker" hängen.
Die ganze Hand soll möglichst entspannt sein. Doch Daumen und Zeigefinger bleiben zusammen, um das Pendel festzuhalten.
Ziel ist es, das Pendel möglichst frei zu halten, d. h. ohne den Arm oder die Hand auf den Tisch zu legen. Besonders am Anfang können Sie allerdings Ihren Arm leicht auf den Tisch stützen, das ist kein Problem. Achten Sie dabei darauf, das Handgelenk nicht abzuknicken. Dau-

men und Unterarm bilden nun eine gerade Linie: Das fördert den Energiefluss und erleichtert das Pendeln.

2-Finger-Technik, Handfläche nach oben

Nehmen Sie ein Pendel, dessen Faden oder Kette so lang ist, dass die Länge bei Bedarf verändert werden kann. Wickeln Sie das Ende des Fadens oder der Kette um Ihren kleinen Finger (oder halten Sie das Ende mit dem kleinen Finger fest), so dass der Rest von Kette oder Faden nicht lose baumelt.
Halten Sie den Faden oder die Kette gut, jedoch entspannt, zwischen Daumen und Zeigefinger fest und lassen Sie das Pendel „locker" hängen.
Richten Sie Ihre Handfläche jetzt nach oben und lassen Sie den Faden, an dem das Pendel hängt, locker in den Spalt zwischen Daumen und Zeigefinger gleiten.
Verzichten Sie darauf, Ihren Arm auf den Tisch aufzustützen, da Sie dem Pendel sonst zu wenig „Freiheit" lassen.
Drücken Sie Ihren Ellbogen leicht gegen Ihren Körper an, so dass Ihr Unterarm ruhen kann: Auf diese Weise ist Ihre Haltung entspannt und aufnahmebereit.

1-Finger-Technik, Handfläche nach oben oder nach unten

Nehmen Sie ein Pendel, dessen Faden oder Kette so lang ist, dass die Länge bei Bedarf verändert werden kann. Machen Sie eine entspannte Faust und strecken Sie den

Zeigefinger nach vorne (als ob Sie auf etwas zeigen wollten).

Wickeln Sie den Faden ein- oder zweimal um Ihren Zeigefinger und lassen Sie das Pendel – die Länge des Fadens oder der Kette muss ausreichend sein – locker hängen.

Wickeln Sie das Ende des Fadens oder der Kette um Ihren kleinen Finger, beachten Sie, dass Sie genügend „Spiel“ haben, damit das Pendel nicht beeinträchtigt wird.

Richten Sie Ihre Handfläche jetzt nach oben, so dass Sie Ihre Fingerglieder sehen können, Ihren Ellbogen drücken Sie leicht gegen Ihren Körper an.

Oder: Richten Sie Ihre Handfläche nach unten (Sie sehen Ihre Fingerknöchel) und stützen Sie Ihren Ellbogen leicht auf den Tisch; Zeigefinger und Unterarm bilden eine gerade Linie, das Handgelenk darf nicht abgeknickt werden.

Was wollen Sie mit dem Pendel tun?

Wichtig ist, dass Sie sich fürs Pendeln etwas Zeit nehmen und gedanklich einen Frei-Raum schaffen, eine „strukturierte Offenheit“, in der aus der Intuition, aus ganzheitlichem Bewusstsein und Gewahrsein heraus neue Impulse entstehen und wahrgenommen werden können.

Für ein erfolgreiches Pendeln stehen vor allem die folgenden Hauptanwendungen des Pendels zur Auswahl.

Die drei wichtigsten und beliebtesten Anwendungsmöglichkeiten sind diese:

(1) Das Pendeln mit Pendeltafeln

(2) Das „geistige" oder „freie" Pendeln

(3) Das Auspendeln von Stoffen, Verträglichkeiten usw.

Das Pendeln mit Pendeltafeln

Wir haben das Pendel in der Hand
und loten damit unseren Mikrokosmos aus.

Ab Seite 49 finden Sie fertige Pendeltafeln wie auch Blanko-Tafeln, die Sie selbst beschriften können. Mit den zuvor genannten Hinweisen und Übungen zur Vorbereitung können Sie sofort mit dem Pendeln über den Pendeltafeln beginnen.

Ein Hinweis für Pendeltafeln im Kreis- oder Quadratformat: In diesem Buch finden Sie nur Pendeltafeln mit einer ungeraden Zahl von Feldern. Hier ist es leicht zu erkennen, in welches Feld das Pendel ausschwingt. Es gibt jedoch auch Pendeltafeln im Kreis- oder Quadratformat mit einer geraden Zahl von Pendelfeldern, bei denen das Pendel also in zwei gegenüberliegende Felder ausschlägt. Für diese gilt folgende Regel:
Stellen Sie zuerst fest, ob das Pendel in eines der beiden gegenüberliegenden Felder stärker ausschlägt: Wenn ja, so ist die Antwort klar.

Wenn der Pendelausschlag in beide Richtungen (zum Beispiel nach links und nach rechts) *gleich* stark ist, gelten bis auf Weiteres beide angezeigten Antworten. Bei Bedarf schreiben Sie beide gefundenen Antworten auf ein Blatt Papier und pendeln diese dann separat aus.

Sie können sich auch zu jedem gewünschten Thema selbst eine Pendeltafel machen. Vielleicht eine Sammlung von möglichen Berufszielen, die Sie in eine Pendel-Tafel eintragen, oder eine Liste von früheren Freunden, mit denen Sie wieder Kontakt aufnehmen möchten. Kein Buch kann solche Tafeln für Sie vorbereiten. Aber Sie können die richtigen Pendel-Tafeln für sich entwickeln!

Das „geistige" oder „freie" Pendeln

Beim „geistigen Pendeln" arbeiten wir ohne Pendeltafeln und ohne bestimmte Gegenstände. Wir wollen Antworten auf innere Fragen gewinnen, innere Eindrücke und unterschwellige Stimmungen sichtbar machen, damit wir sie erkennen und uns dazu verhalten können.

Manchmal ist dabei das Entscheidende, zur Ruhe zu kommen und innerlich loszulassen, um wieder bei sich anzukommen. Dann geht es nicht so sehr um bestimmte „Ja oder Nein"-Fragen, sondern vielmehr um den Akt des Pendelns selbst, um die aktive Trance (aktives Tagträumen), um Entspannung, Schwingung und Beruhigung von innen.

Manchmal reizen uns nun aber doch bestimmte „Ja oder Nein"-Fragen. Dazu gilt es zunächst zu definieren, welche Pendelbewegung für Sie „Ja", „Nein" oder „Vielleicht/Weiß nicht" anzeigt.
Sie können sich dabei an bestehende Standards halten oder einen individuellen Code festlegen. So oder so – hier heißt es probieren, probieren und noch einmal probieren.

„Ja" und „Nein" – die Standards

Die üblichen Standarddefinitionen lauten: eine Pendelbewegung **links – rechts** steht für **„Nein"** wie Kopfschütteln; eine Pendelbewegung **vor – zurück** steht für **„Ja"** wie Kopfnicken. Eine **Kreisbewegung im Uhrzeigersinn** steht für **„Ja"**, und eine **Kreisbewegung gegen den Uhrzeigersinn** signalisiert ein **„Nein"**. Schräge, diagonale Schwünge bedeuten ein „Vielleicht/Weiß nicht".

Üben Sie und probieren Sie dies zunächst aus. Sagen Sie sich, sagen Sie Ihrem inneren Wissen, in welche Richtung das Pendel schwingen soll: Lassen Sie das Pendel linksherum oder rechtsherum kreisen, vor- und zurück- oder hin- und herschwingen. Ihre Hand sollte dabei locker und entspannt bleiben, die Bewegungen des Pendels sollten nicht aus dem Kopf, sondern aus der Hand kommen! Nicht mit Kraft und Willensanstrengung, sondern mit sanfter Macht und innerem Wollen gehen wir hier vor.

Der individuelle Code

Viele Pendel-Praktiker verwenden die genannten Standards jedoch eher in Ausnahmefällen. Sie haben ihre eigene „Sprache“ festgelegt, die das Pendel spricht.
Was „Ja“, „Nein“ oder „Vielleicht/Weiß nicht“ anzeigt, wird also hier individuell festgelegt. Auch beim individuellen Code geht es um verbindliche Kriterien, die nicht verändert werden. Die Pendelbewegungen werden lediglich nach eigener Erfahrung ausgewählt.

Und so wird's gemacht:
Stellen Sie dem Pendel eine Frage, deren Antwort Sie *sicher wissen* – zum Beispiel „Ja“ –, und beobachten Sie, welche Bewegung das Pendel macht. Beobachten Sie, welche Bewegung am häufigsten vorkommt. Auch hier gilt, dass erst viele Versuche zu einem zuverlässigen Ergebnis führen können. Und nach dem gleichen Muster stellen Sie auch Ihre typischen Pendelbewegungen für „Nein“ oder „Vielleicht“ fest.
Zeichnen Sie die persönlichen Pendelbewegungen auf einem Blatt Papier auf. Und testen Sie sie von Zeit zu Zeit erneut. In diesem Zusammenhang ist es besonders wichtig, dass Sie Ihr Pendel immer wieder „eichen“.

So „eichen“ Sie Ihr Pendel

Dazu stellt man zunächst eine Frage, deren Antwort „Ja“ ist. Also zum Beispiel: „Heiße ich Susanne?“ Dann wird das Pendel in die Richtung ausschlagen, die „Ja“

bedeutet. Nun stellt man eine Frage, deren Antwort „Nein" ist. So erhalten Sie die Richtung für „Nein".
So weit – so gut. Sollte das Pendel beide Male in dieselbe Richtung schwingen, ist das zumeist ein Zeichen, dass Sie im Moment nicht bereit zum Pendeln sind. Versuchen Sie es an einem anderen Tag wieder oder stellen Sie zur Kontrolle die beiden Fragen noch einmal.
Wir sollten dem Pendel keine Richtungen aufzwingen, sondern es immer wieder selbst entscheiden lassen, in welche Richtung es schwingen will. Alles andere kann die Antworten verfälschen oder ungültig machen.

Zur Art der Fragestellung

- Formulieren Sie Ihre Frage so deutlich wie möglich.
- Vermeiden Sie kombinierte Fragen wie: „Soll ich A oder B tun?"
- Wählen Sie Ihre Frage passend zu Ihrer Situation und Ihren Zielen aus. Es macht einen Unterschied, wie Sie fragen. Zum Beispiel: „Soll ich A tun?" – „Was passiert, wenn ich A tue?" – „Was kann ich tun, damit A ein Erfolg wird?" – „Wo finde ich Unterstützung, wenn ich A tue?" – „Mit welchen Widerständen muss ich rechnen, wenn ich A tue?" – „Wie überwinde ich diese Widerstände?" – usw.
- Bei vielen Themen empfiehlt es sich, sich zunächst auf die Frage zu konzentrieren und dann spontan dazu eine kleine Pendel-Tafel aufzuzeichnen. Kon-

zentrieren Sie sich zum Beispiel auf die Frage „Wo finde ich Unterstützung, wenn ich A tue?“; dann nehmen Sie ein Blatt Papier, malen darauf ein Quadrat oder einen Kreis. Den Kreis oder das Quadrat unterteilen Sie in drei, vier oder mehr Sektoren. Schreiben Sie spontan die Möglichkeiten auf, die Ihnen einfallen – je eine in eines der Felder. Bei Bedarf kann diese Übung mit einer weiteren Frage und einer weiteren spontanen Pendel-Tafel solange fortgesetzt werden, bis eine zufriedenstellende Lösung erreicht ist.

- Auch wenn Sie Fragen zu anderen Menschen stellen, zeigt das Pendel immer *Ihre Einstellung* zu der betreffenden Person oder der betreffenden Frage.
- Das Pendeln zeigt Ihre zuvor unbewussten Reaktionen; es ist wie ein Spiegel, in den Sie schauen. Daran ändert keine Art der Frage etwas.
- Das Pendeln ist ein kreativer Vorgang. Verschwenden Sie ihn nicht für Bagatellen. Setzen Sie Ihre Kreativität für Ihre Herzenswünsche ein. Wählen Sie danach Ihre Fragen aus.

Das Auspendeln von Stoffen, Verträglichkeiten usw.

Mit dieser Methode können Sie testen, ob zum Beispiel ein Lebensmittel, ein Urlaubsziel oder anderes gut oder schlecht für Sie ist. Dazu hält man das, was man austesten möchte (oder ein Bild davon), mit der einen Hand vor sich, das Pendel in der anderen Hand zwischen sich selbst und das jeweilige Objekt.

Die Antwort ergibt sich daraus, ob das Pendel nun vor- und zurückschwingt (verbindet) oder hin- und herschwingt (trennt). Falls Ihnen das Pendelobjekt nicht zur Verfügung steht, können Sie sich auf ein Bild (Foto, ausführliche Beschreibung) des Objekts konzentrieren oder auf einen Gegenstand, der das Objekt ersetzt.

Finden statt suchen

Mit dem Pendel zu tieferen Einsichten

Die ständige innere Bewegung und Bewegtheit *im* Menschen zeigt sich als *äußere Bewegung,* sobald wir das Pendel in die Hand nehmen. Und wir können diesen Prozess auch umgekehrt nutzen. Indem wir das Pendel in die Hand nehmen und ein wenig schwingen lassen, lenken wir unsere Aufmerksamkeit auf diese äußere Bewegung.

Wenn es um Hypnose geht, stoßen wir in Filmen, Romanen und anderswo häufig auf das Bild, dass ein Gegenstand (zum Beispiel eine Taschenuhr) wie ein Pendel vor den Augen des Menschen, der hypnotisiert werden soll, hin- und hergeschwenkt wird. Eine solche Beobachtung einer Pendelbewegung ist aber – ähnlich dem bekannten *Schäfchen zählen* zum Einschlafen – weniger spektakulär, als man oft meint. Sie ist einfach eine Methode der Beruhigung, der Absenkung des Bewusstseins, die den Übergang in den Schlaf oder einen tagträumerischen, tranceartigen Zustand erleichtert. Darum geht es beim Pendeln, und um nichts anderes geht es auch bei Hypnose und Selbsthypnose in der heute sehr aktuellen Hypnotherapie (mehr dazu im Kapitel „Pendel und Hypnose“, ab Seite 36).

Hypnos heißt altgriechisch *Schlaf.* Die Bewegung des Pendels zieht unsere Aufmerksamkeit auf sich. Hier geht es um einen zeitweisen „Schlaf" unseres täglichen Kopfkinos. Wir entspannen und versenken uns. Wir finden zur Ruhe und schaffen Platz für tiefere Weisheiten. In Kombination mit dem Pendeln werden nachhaltigere Lösungen, die oftmals im Unbewussten schlummern, buchstäblich greifbar.

Entdecke dich selbst **Anleitung**

Die Treppe in die Tiefe

Anleitung zum aktiven Tagträumen

(Aktive Trance, Selbsthypnose)

Setzen Sie sich auf einen bequemen Stuhl an einen Tisch. Lockern Sie sich, atmen Sie tief und ruhig. Legen Sie Ihr Pendel bereit und ebenso die Pendeltafel(n), Zettel, Stifte oder was Sie sonst später zum Pendeln in der Tiefe verwenden wollen. Und beginnen Sie:

Machen Sie es sich so richtig bequem. Nun sollten Sie langsam damit beginnen, die Gedanken, Sorgen oder Erledigungen des Alltags einfach mal loszulassen – die folgende kleine Auszeit gehört Ihnen ganz allein. Schließlich wollen Sie auf andere Art zu Lösungen finden …

Schließen Sie die Augen. Eine kleine Übung wird Ihnen helfen, die Alltagsprobleme wegzuschicken: Stellen Sie sich vor, dass Sie vor sich eine geräumige, praktische Tüte haben. Legen Sie nun Ihre Sorgen, Ihre Probleme und Fragen in diese Tüte. Fertig? Dann verschließen Sie die Tüte in Gedanken. Drücken Sie vor Ihrem geistigen Auge die Tüte ein wenig zusammen, bis sie klein und leicht wird; dann legen Sie sie gedanklich behutsam an einer separaten Stelle ab und konzentrieren Sie sich jetzt auf diese Übung.

Atmen Sie tief ein und wieder aus. Achten Sie auf Ihre Atmung. Stellen Sie sich vor, wie Sie mit jedem Einatmen ein Stück Entspannung inhalieren und wie die Entspannung sich beim Ausatmen noch vertieft.

Vielleicht geben Sie der Entspannung eine Farbe, eine **bestimmte Beschaffenheit** oder stellen Sie sich die Entspannung **als Licht** vor – das hilft, das „Einatmen" der Entspannung noch realistischer zu erleben. So können Sie sich zum Beispiel vorstellen, wie Sie mit jedem Atemzug goldene Kraftenergie einatmen, die sich anschließend in Ihrem ganzen Körper verteilt. Wählen Sie ein Bild, das Ihnen ein gutes Gefühl vermittelt. Sagen Sie sich im Geiste: *„Mit jeder Einatmung sinke ich tiefer und tiefer in wundervolle Entspannung."*

Nun können Sie sich noch vorstellen, wie Sie *Verspannung* ausatmen: Mit jeder Ausatmung weicht ein Stückchen Verspannung mehr aus Ihrem Körper, Sie können sich vollständig lösen und entspannen. Genießen Sie das wunderbare Gefühl wachsender Tiefe und Entspannung.

In dieser Position bleiben Sie so lange, wie es für Sie angenehm ist. Wenn Sie merken, dass es für den Augenblick genug ist, sagen Sie sich: *„Ich werde nun die Augen öffnen und in dieses Zimmer zurückkehren. Dabei bin ich ruhig und fühle mich frisch."*

Wiederholen Sie noch einmal oder auch öfter, wenn Sie mögen, diese Worte: *„Ich werde nun die Augen öffnen und in dieses Zimmer zurückkehren. Dabei bin ich ruhig und fühle mich frisch."*

Lassen Sie sich ein paar Minuten Zeit, bevor Sie sich bewegen und aufstehen – Sie werden sich wohl, frisch, gesammelt und ruhig fühlen.

Pendeln, um zur Ruhe und ins Lot zu kommen

Grundübung

- Setzen Sie sich an einen Tisch. Legen Sie vor sich das Pendel und ein leeres weißes Blatt Papier.
- Stellen Sie die Beine locker nebeneinander, legen Sie die Unterarme auf den Tisch und begeben Sie sich in Trance, in einen Zustand der Entspannung und wacher „absichtsloser Anwesenheit“ (s. Anleitung „Die Treppe in die Tiefe“, S. 23 f.).
- Schalten Sie Ihren Verstand auf „Leerlauf“. Lassen Sie Ihre Gedanken kommen – und wieder ziehen. Stehen Sie den möglichen Ergebnissen neutral und offen gegenüber.
- Nehmen Sie das Pendel in Ihre Hand.
- Sind Sie Rechtshänder, so nehmen Sie das Pendel in die rechte Hand, sind Sie Linkshänder, nehmen Sie das Pendel in die linke Hand.
- Nehmen Sie das Blatt Papier und malen Sie darauf einen Kreis. Den Kreis unterteilen Sie in vier Sektoren. Und schreiben Sie spontan vier Lieblingstätigkeiten von Ihnen auf, je eine in eines der vier Felder.
- Setzen Sie das Pendel auf den Mittelpunkt des Kreises oder des Quadrats. Ziehen Sie Ihre Hand in die Höhe, so dass das Pendel gut 1 cm über dem Papier schwebt. Bleiben Sie ruhig und entspannt und schauen Sie, was passiert und in welche Richtung das Pendel am meisten ausschlägt.

- Diese Übung eignet sich gut für Einsteiger, um mit dem Pendeln zu beginnen, und auch von Fortgeschrittenen wird sie immer wieder gern praktiziert. Sie zeigt Ihnen Ihre *Zentrierung im Augenblick* und auch, was Sie im gegebenen Augenblick (nach dem Pendeln) am liebsten tun mögen.

Pendeln zur Tiefenentspannung

(Bevor Sie die folgende Übung machen, lesen Sie sie sich laut vor oder sprechen Sie sie auf ein Wiedergabegerät.)

- Setzen Sie sich an einen Tisch. Legen Sie vor sich das Pendel und leere Blätter Papier plus Stifte.
- Stellen Sie die Beine locker nebeneinander, legen Sie die Unterarme auf den Tisch und begeben Sie sich in Trance, in einen Zustand der Entspannung und wacher „absichtsloser Anwesenheit" (s. Anleitung „Die Treppe in die Tiefe", S. 23 f.).
- Schließen Sie die Augen und sagen Sie sich: ***„Ich werde ruhig. Ich konzentriere mich auf das Pendel und seine Bewegung.“***
  Dann wiederholen Sie: ***„Ich bin ruhig. Ich konzentriere mich auf das Pendel und seine Bewegung.“***
  Und Sie wiederholen noch einmal oder auch öfter, wenn Sie mögen: ***„Ich bin ruhig. Ich konzentriere mich auf das Pendel und seine Bewegung.“***

- Bleiben Sie in Ihrer Position und öffnen Sie ein wenig die Augen. Konzentrieren Sie sich auf das Pendel und seine Bewegung. Nehmen Sie Ihren Atem wahr und konzentrieren Sie sich die ganze Zeit auf das Pendel und seine Bewegung.
- Während Sie sich weiter auf das Pendel und seine Bewegung konzentrieren, spüren Sie, wie Ihr Gewicht in den Stuhl sinkt, wie Ihre Arme sich wärmer anfühlen, wie Ihr Gesicht sich entspannt und Ihr Nacken lockerer wird.
- Sie konzentrieren sich weiter auf das Pendel und seine Bewegung. Und Sie begrüßen die Wärme und die wohltuende Ruhe, die Sie spüren.
- In dieser Position bleiben Sie so lange, wie es für Sie angenehm ist. Wenn Sie merken, dass es für den Augenblick genug ist, schließen Sie wieder die Augen. Dabei sagen Sie sich: ***„Ich konzentriere mich auf das Pendel und seine Bewegung. Ich werde nun die Augen öffnen und gedanklich in dieses Zimmer zurückkehren. Dabei bin ich und bleibe ich ruhig.“***
  Wiederholen Sie noch einmal oder auch öfter, wenn Sie mögen, die Worte: ***„Ich werde nun die Augen öffnen und gedanklich in dieses Zimmer zurückkehren. Dabei bin ich und bleibe ich ruhig.“***
- Lassen Sie sich ein paar Minuten Zeit, bevor Sie sich bewegen und aufstehen – Sie werden sich sehr wohl, frisch, gesammelt und ruhig fühlen.

Pendeln zur Selbstentdeckung

(Bevor Sie die folgende Übung machen, lesen Sie sie sich laut vor oder sprechen Sie sie auf ein Wiedergabegerät.)

Die vorige Übung können Sie auch so gestalten, dass Sie in dem Moment der gewonnenen Ruhe eine Frage stellen. (Beide Varianten sind jeweils für sich wertvoll; beide Versionen können Sie immer wieder mit Gewinn und Genuss ausprobieren.)

Bei der folgenden Variante lautet der Ablauf der Übung nun so:

- Setzen Sie sich an einen Tisch. Legen Sie vor sich das Pendel und leere Blätter Papier plus Stifte.

- Stellen Sie die Beine locker nebeneinander, legen Sie die Unterarme auf den Tisch und begeben Sie sich in Trance, in einen Zustand der Entspannung und wacher „absichtsloser Anwesenheit“ (s. Anleitung „Die Treppe in die Tiefe“, S. 23 f.).

- Schließen Sie die Augen und sagen Sie sich: ***„Ich werde ruhig. Ich konzentriere mich auf das Pendel und seine Bewegung.“*** – Dann wiederholen Sie: ***„Ich bin ruhig. Ich konzentriere mich auf das Pendel und seine Bewegung.“*** – Und Sie wiederholen noch einmal oder auch öfter, wenn Sie mögen: ***„Ich bin ruhig. Ich konzentriere mich auf das Pendel und seine Bewegung.“***

- Bleiben Sie in Ihrer Position und öffnen Sie ein wenig die Augen. Konzentrieren Sie sich auf das Pendel und seine Bewegung. Nehmen Sie Ihren Atem wahr und konzentrieren Sie sich die ganze Zeit auf das Pendel und seine Bewegung.

- Während Sie sich weiter auf das Pendel und seine Bewegung konzentrieren, spüren Sie, wie Ihr Gewicht in den Stuhl sinkt, wie Ihre Arme sich wärmer anfühlen, wie Ihr Gesicht sich entspannt und Ihr Nacken lockerer wird.

- Sie konzentrieren sich weiter auf das Pendel und seine Bewegung. Und Sie begrüßen die Wärme und die wohltuende Ruhe, die Sie spüren.

- Und während Sie in dieser wohltuenden Ruhe verweilen, lassen Sie in sich die Frage aufsteigen: ***„Was ich schon immer von mir wissen wollte und was mir niemand anders sagen kann, das ist …“*** *(Lassen Sie dazu eine Antwort in sich aufsteigen, spontan, ohne Nachdenken und ohne Bewertung).*

- Sie konzentrieren sich weiter auf das Pendel und seine Bewegung. Und Sie achten darauf, welche Antwort auf die gestellte Frage sich in Ihnen nun regt.

- Sie konzentrieren sich weiter auf das Pendel und seine Bewegung. Und Sie bedanken sich für die Antwort, die Sie erhalten haben. Sie merken sie sich. Und Sie konzentrieren sich weiter auf das Pendel und seine Bewegung.

- Wenn Sie merken, dass die Übung für den Augenblick nun abgeschlossen werden kann, schließen Sie wieder die Augen. Dabei sagen Sie sich: ***„Ich konzentriere mich auf das Pendel und seine Bewegung. Ich werde gleich die Augen öffnen und gedanklich in dieses Zimmer zurückkehren. Dabei bin ich und bleibe ich ruhig.“***
  Wiederholen Sie noch einmal oder auch öfter, wenn Sie mögen, die Worte:
  „Ich werde nun die Augen öffnen und gedanklich in dieses Zimmer zurückkehren. Dabei bin ich und bleibe ich ruhig.“

- Lassen Sie sich ein paar Minuten Zeit, bevor Sie sich bewegen und aufstehen. Notieren Sie sich die gestellte Frage und die erhaltene Antwort (jetzt völlig ohne Analyse oder Bewertung, das können Sie zu einem späteren Zeitpunkt tun).

Beim Pendeln wird innere Bewegung als äußere Bewegung deutlich.

Die innere Kreativitätswerkstatt

In innerer Versenkung pendeln

- Setzen Sie sich an einen Tisch. Legen Sie vor sich das Pendel und leere Blätter Papier plus Stifte.

- Stellen Sie die Beine locker nebeneinander, legen Sie die Unterarme auf den Tisch und begeben Sie sich in Trance, in einen Zustand der Entspannung und wacher „absichtsloser Anwesenheit" (s. Anleitung „Die Treppe in die Tiefe", S. 23 f.).

- Schließen Sie Augen und sagen Sie sich: ***„Ich werde ruhig. Ich konzentriere mich auf das Pendel und seine Bewegung."*** – Dann wiederholen Sie: ***„Ich bin ruhig. Ich konzentriere mich auf das Pendel und seine Bewegung."*** – Und Sie wiederholen noch einmal oder auch öfter, wenn Sie mögen: ***„Ich bin ruhig. Ich konzentriere mich auf das Pendel und seine Bewegung."***

- Stellen Sie sich nun vor, Sie stehen vor einer Treppe, die über sieben Stufen hinab zu einer Tür führt. Diese Tür führt zu Ihrem ganz persönlichen, magischen Raum. Machen Sie sich zu einer besonderen Erfahrung bereit. Dieser Raum erlaubt es Ihnen, sich komplett zu entspannen und komplett entspannt neue Lösungen zu finden.

- Gehen Sie die Treppe nun im Geiste hinab. Zählen Sie dabei rückwärts – von sieben bis null. Nach jedem Schritt können Sie sich vorstellen, noch tiefer in diese Entspannung zu sinken. Etwa so: ***„Immer tiefer und tiefer sinke ich, meine Entspannung wächst dabei mehr und mehr.“***

- Atmen Sie weiter tief und ruhig. Und stellen Sie sich vor, wie Sie mit der Hand über ein Treppengeländer streifen, das Sie mit der Treppe weiter hinabführt. So geht es nun Stufe für Stufe. Bevor Sie das Ende der Treppe erreichen, sagen Sie sich: ***„Unten angekommen, verweile ich noch tiefer in Entspannung. Ich bin tief entspannt und ganz präsent!“***

- Die Kreativitätswerkstatt: Nachdem das Ende der Treppe erreicht ist, stehen Sie vor der Tür zu Ihrer Kreativitätswerkstatt. Schauen Sie sich die Tür genau an und öffnen Sie sie. Betreten Sie den Raum … es ist Ihre Werkstatt, sie empfängt Sie, Sie kennen sie und doch ist es jedes Mal auch neu. Alles ist genauso eingerichtet, dass es perfekt für Sie ist! Atmen Sie weiter tief ein. Nun nehmen Sie Ihr Pendel in die Hand und lassen Sie es schwingen.

- Pendeln Sie so, wie es Ihnen jetzt, in dem Moment in den Sinn kommt. (Mit offenen oder geschlossenen Augen; mit oder ohne Pendel-Tafel; zu einem bestimmten Thema oder ohne ein solches; auf eine Frage ausgerichtet, die Ihnen in Ihrer Kreativitätswerkstatt gerade wichtig erscheint, oder ohne Frage, einfach ausgerichtet auf die Ruhe, auf die Schönheit der Bewegung des Pendels; oder etwas anderes, das Ihnen in der Ruhe, in der Versenkung naheliegt ...)

- Merken Sie sich Ihre Eindrücke und Ergebnisse. Machen Sie sich – nur bei Bedarf – kurze Notizen (alles ohne Bewertung und ohne groß nachzudenken; dafür ist später genug Zeit), kurze Hinweise, die Sie später noch auswerten werden.

- Wenn Sie genug gependelt, genug mit dem Pendel erfahren haben, bereiten Sie sich auf die Rückkehr aus der Tiefe in die Gegenwart vor. Sagen Sie zu sich selbst im Geiste: ***„Ich werde nun ganz langsam wieder aus diesem Raum nach oben gehen. Ich nehme meine Eindrücke und Ergebnisse mit nach oben. Nun stelle ich mir die sieben Stufen der Treppe vor. Ich zähle nun von eins bis sieben – bei sieben angelangt bin ich hellwach, fühle mich fit und frisch.“***

- Lassen Sie sich ein, zwei Minuten Zeit, bevor Sie sich bewegen – Sie werden sich wohl, frisch, gesammelt und ruhig fühlen.

- Nehmen Sie eine kleine Pause. Und dann schauen Sie sich jetzt oder zu späterer Stunde Ihre Notizen, Ihre Pendelergebnisse noch einmal an … Überlegen Sie einen praktischen Schritt, um das zu beherzigen und umzusetzen, was Sie an Eindrücken mitgebracht haben.

Pendeln und Hypnose

Wege zu Tiefenentspannung und Selbstentdeckung

Einführung

Pendeln ist ein bewährtes Mittel des Dialogs mit dem Unbewussten. Das Pendeln lässt sich als eine Art Selbstgespräch begreifen. Dabei spricht der bewusste Teil in uns mit dem unbewussten Teil. Oft ist das eine Begegnung, in der gleichsam eine große und erwachsene Seite in uns mit einer kleinen, noch jungen Seite in uns in Kontakt tritt: Mit dem inneren Kind sowie mit noch unbekannten, noch werdenden und sich entwickelnden Anteilen in uns.

Im vorliegenden Buch beschäftigen wir uns mit einem Thema, das immer schon mit dem Pendeln verbunden war, bisher jedoch wenig beschrieben wurde: ***Pendeln zur Tiefenentspannung und zur Selbstentdeckung.***

Der seriöse, achtsame Gebrauch des Pendelns lässt sich in zwei Hauptrichtungen verstehen. Einmal weist das Pendeln viele Parallelen zur *Kinesiologie* auf. Das Gleiche wie der bekannte *kinesiologische Muskeltest,* nämlich Vorlieben und Abneigungen, gespürte Verträglichkeiten und Unverträglichkeiten auszutesten, erlaubt auch das Pendeln.

Pendeln basiert darauf, dass Gefühle, Gedanken, Erwartungen und Befürchtungen sich unter anderem in unwillkürlichen Muskelbewegungen niederschlagen (s. „Zur Ruhe kommen", S. 38). Diese macht das Pendeln sichtbar, es vergrößert die unwillkürlichen Muskelbewegungen und lässt sie deutlich werden.
Bei dieser „kinesiologischen Variante“ dreht sich das Pendeln darum, die eigene Bewegtheit und auch die eigene innere Unruhe buchstäblich in die Hand zu nehmen. Ziel ist es dort, persönliche spirituelle Kräfte (innere Weisheiten, die über das Tagesbewusstsein hinausgehen) durch das Pendeln zu nutzen und durch das Pendeln zu sehen, wie sich etwas energetisch anfühlt und wohin uns die eigene innere Bewegtheit führen will (mehr dazu in meinem Buch „Pendel-Box. Für Einsteiger“).
Daneben weist das Pendeln aber auch Parallelen zu *Hypnose* und *Selbsthypnose* auf. Darum geht es schwerpunktmäßig in diesem Buch. Hier verfolgen wir eine andere Zielsetzung. In dieser Variante wollen wir das Pendeln vor allem nutzen, um zur Ruhe zu kommen, um in uns zu gehen und zu uns zu finden. Hier dient das Pendeln zum Ausloten und zur Stärkung der inneren Mitte. Entspannung, Tiefenmeditation und Trancezustände sind ja nicht nur die Voraussetzungen des Pendelns, sondern auch *wesentliche Ziele des Pendelns.* Indem das Pendeln es uns erleichtert, immer wieder einen inneren Ausgleich zu finden und in Balance zu kommen, lernen wir die innere Mitte zu stärken, in ihr zu ruhen und sie zugleich beweglich zu halten.

Zur Ruhe kommen ...

… indem man die innere Bewegung
in die Hand nimmt

Achten Sie auf die Bewegung in Ihnen! Auf Ihren Atem, darauf, ob Sie Ihr Blut fließen spüren, den Speichel, vielleicht die Nase, vielleicht ein Glucksen im Bauch … Achtsamkeit ist der Schlüssel, eine Voraussetzung des Pendelns. Und mit dem Pendeln wächst die Achtsamkeit.

Naturwissenschaftliche Untersuchungen haben das Geschehen beim Pendeln untersucht und das „ideomotorische Gesetz" gefunden – die unbewusste Steuerung motorischer Vorgänge. Der englische Naturwissenschaftler William Benjamin Carpenter (1813 – 1885) beschrieb 1852 diesen Zusammenhang zum ersten Mal. Der Carpenter-Effekt bezeichnet das Phänomen, dass das Sehen einer Bewegung – sowie in schwächerem Maße das Denken an eine bestimmte Bewegung – die Tendenz auslöst, eben diese Bewegung selbst auszuüben.

Neuere Untersuchungen (mit dem EEG und anderen Methoden) bestätigten diese psychologische Gesetzmäßigkeit:
Wenn wir eine bestimmte Bewegung sehen oder sie uns intensiv vorstellen und innerlich erleben, entsteht in uns die Neigung zur Ausführung dieser Bewegung – ein Akt spontaner Ganzheitlichkeit.

Und das Gleiche gilt auch umgekehrt:
Die Ausführung einer bestimmten Bewegung, zum Beispiel ein bestimmtes Ritual des Pendelns oder eine Yoga-, eine Tai Chi-Übung, das Sitzen in Stille und anderes mehr, löst eine Offenheit in uns für bestimmte Wahrnehmungen und Empfindungen aus, zum Beispiel eine größere Bereitschaft, sich zu beruhigen, zur Mitte zu finden und in Achtsamkeit zu verweilen.

Auf dem Gesetz der „Ideomotorik" basiert die Wirksamkeit des *Pendelns*. Und aus gleichen Gründen wendet auch die *Hypnotherapie* dieses Gesetz an, um die gewünschte „hypnotische" Tiefenentspannung leichter zu erreichen. Siehe u. a. das Buch von Agnes Kaiser-Rekkas: *Der Bär fängt wieder Lachse: Ideomotorische Arbeit in klinischer Hypnose und Hypnotherapie* (Heidelberg 2. Auflage 2016).

Hypnose und Selbsthypnose – schlummernde Reserven nutzen

Hypnos war bei den alten Griechen der Gott des Schlafes, und mit dem gleichen Wort bezeichneten sie auch den Schlaf selbst. Zur Heilung von Krankheiten richteten sie eigene Schlaf- und Traum-Abteilungen in Tempeln ein. Da legte man sich auf eine Schlafstelle (sie hieß *Kline,* davon stammt unser Wort Klinik ab). Verschiedene Rituale, nicht zuletzt die Schlangen, die sich unter den Ruheliegen bewegten, sollten für Träume sorgen, die gut in Erinnerung blieben und die am nächsten Morgen von den Tempelpriestern gedeutet wurden. Das waren die berühmten *Traumtempel des Asklepios,* und der schlangenumwundene Asklepiosstab oder Äskulapstab ist bis heute Symbol der ärztlichen und pharmazeutischen Berufe.

Bei der Hypnose geht es nun, wie auch an anderer Stelle in diesem Buch erwähnt, um einen zeitweisen „Schlaf" unseres täglichen Kopfkinos. Wir entspannen und versenken uns. Wir finden zur Ruhe und schaffen Platz für tiefere Weisheiten. *Das beschreibt aber auch die meditative und „hypnotische" Wirkung des Pendelns! Selbsthypnose und Pendeln gleichen einander; sie wirken aus dem gleichen Grund.*

Die Wirksamkeit der Hypnosetherapie (kurz Hypnotherapie) erklärt ein anerkannter Vertreter dieser Therapieform mit folgenden Worten:

„Hypnose ist die Kunst, jemand von seiner normalen alltäglichen realen Wirklichkeit in eine alternative Wirklichkeit hineinzuversetzen. Diese alternative Wirklichkeit ist natürlich eine vorgestellte, innere Wirklichkeit, und der therapeutische Nutzen ist, dass man in dieser alternativen Wirklichkeit dann jemand dazu bringt, dazu hinführt, dass er die Dinge, die er in der wirklichen Wirklichkeit nicht kann, dass er die dort sozusagen lernt, ausprobiert, wie es für ihn passend ist, damit die Symptome reduziert werden, vielleicht ganz aufhören oder dass er irgendwie lernt, mit seinen Problemen da fertig zu werden“ (Burkhard Peter, *Was ist Hypnose?*, im Video auf https://www.youtube.com/watch?v=l9DLizjWG7I. Burkhard Peter ist Ausbilder für klinische Hypnose und Hypnotherapie u. a. in der Milton-Erickson-Gesellschaft sowie verantwortlicher Herausgeber der Zeitschrift Hypnose-ZHH *(Zeitschrift für Hypnose und Hypnotherapie)*. Viele spannende und hilfreiche Artikel aus dieser Zeitschrift werden auf https://meg-stiftung.de/index.php/de/publikationen/6-hypnose-zhh zum kostenlosen Download angeboten.)

Was man über Hypnose und Selbsthypnose wissen sollte

Hypnose ist ein Zustand, in dem der Mensch seine Aufmerksamkeit stark auf das innere Erleben und Empfinden fokussiert, während der Körper äußerlich ent-

spannt. Jeder hat das schon einmal erlebt, etwa beim kleinen Tagtraum im Büro oder bei einer Zugfahrt, den Blick aus dem Fenster in eine unbestimmte Weite gerichtet. Der hypnotische oder Trancezustand unterscheidet sich vom Wachsein und vom Schlaf, wie neurologische Untersuchungen eindrücklich gezeigt haben.
Bei der Selbsthypnose versenken wir uns in den tagträumerischen, halbwachen, spielerischen und luziden Hypnose-Zustand (den wir manchmal auch ganz unwillkürlich direkt vor oder nach dem Schlafen erleben).

Trancezustände sind seit Jahrtausenden in allen Kulturen der Welt bekannt. Dazu braucht man keine Drogen oder Rauschmittel; im Gegenteil, diese wirken eher kontraproduktiv.
Mantras und Affirmationen, wiederholte Töne, Lieder und Gesänge, Körperübungen, Tänze und Berührungen bringen hier viel mehr.
Ähnlich wirkt zum Beispiel auch die Praxis des „permanenten Gebets“, die verschiedene Nonnen- und Mönchstraditionen ausüben. Ein weiteres Beispiel: In der Pflege und Betreuung von Kleinkindern, Schwerkranken und Greisen spielen wiederkehrende Worte, Geschichten, Berührungen und Rituale eine wichtige Rolle. „Heute verstehen wir, dass Heilung und Wohlergehen von einer solch ‚hypnotischen‘, vertrauensbildenden Atmosphäre wesentlich beeinflusst werden“ (Johannes Fiebig).

Hypnose in Stichworten

Anleitung zum aktiven Tagträumen
(Aktive Trance, Selbsthypnose)

Wie Hypnose wirkt

Durch Konzentrations- und Entspannungsübungen, sogenannte „Trance-Induktionen", wird bei der Hypnose und der Selbsthypnose ein veränderter Bewusstseinszustand erreicht. Die Aufmerksamkeit richtet sich nach innen, in der Folge werden äußere Reize und Störungen nicht oder nur gedämpft erlebt. Je tiefer die Trance, desto weniger werden äußere Einflüsse wahrgenommen.

Die Regionen im Gehirn, die bei bildhaften Vorstellungen aktiv sind, sowie diejenigen für Empfindungen, Gefühle und Bewegungen sind auch unter Hypnose aktiv. Wie im Traum, meinen wir auch unter Hypnose (in aktiver Trance, bei aktivem Tagträumen), wir würden tatsächlich etwas sehen und empfinden.

Der Therapeut nutzt das, indem er den Klienten in und durch eine unangenehme Situation führt – etwa in eine Prüfung oder eine medizinische Prozedur – und ihm zeigt, wie er sie angstfrei erleben kann. Dieses Gefühl wird erlebt und innerlich abgespeichert, es kann nun später in der realen Situation abgerufen werden.

Bei der Selbsthypnose gilt das gleiche Prinzip: Im Hypnose-Zustand spielen wir bestimmte unangenehme Situationen, bisher unerreichbare Wünsche und was uns sonst besonders am Herzen liegt, immer wieder durch, bis sich eine Lösung zeigt oder wir unsere Frage verändern.

Nicht jeder ist offen für eine Hypnose

Hypnose funktioniert bei vielen, aber nicht allen Menschen. Im Zweifelsfall sollte man Verschiedenes ausprobieren, eventuell verschiedene Arten der „Trance-Induktion". Auch bei demselben Menschen kann die Offenheit für eine Hypnose (und deren Wirksamkeit) je nach den aktuellen Lebensumständen variieren. Und: Gegen seinen wachen Willen kann kein Mensch hypnotisiert werden. Sogenannte Show-Hypnosen, die etwas anderes darstellen, sind inszenierte Shows; sie haben mit seriöser Hypnose nichts zu tun.

Fremdhypnose und Selbsthypnose

Wenn ein Arzt oder Therapeut beteiligt ist, spricht man meist von Fremdhypnose oder „heterogener" Hypnose. Selbsthypnose bedeutet einen Zustand der Tiefenentspannung oder der Trance, den man selbst herbeigeführt hat. Dazu zählen zum Beispiel auch das autogene Training und Meditation.

Grundlegend ist ein Vertrauensverhältnis

Bei der Fremdhypnose ist das Vertrauensverhältnis zwischen dem Arzt/Therapeuten und Patient/Klient entscheidend. Der heutige Erfolg der Hypnotherapie beruht nicht unerheblich auf dem Wirken des amerikanischen Arztes und Psychiaters Milton H. Erickson; Erickson aber zeichnete sich durch eine besonders intensive Fähigkeit aus, sich auf seine Patienten/Klienten vorzubereiten und einzulassen.

In der medizinischen Hypnose werden spezielle Anleitungen zur Konzentration und Entspannung verwendet. In der psychotherapeutischen Hypnose spielen Redewendungen, passende Geschichten und Gleichnisse eine entscheidende Rolle bei der „Trance-Induktion". Nicht zuletzt haben sich Bilder aus Märchen, Mythen und Träumen dabei bewährt (s. dazu u.a. die Schriften von *Ulrich Freund)*.

In der Selbsthypnose wirken *Märchen, Mythen und Träume* ebenfalls gut, wenn man sie nicht nur liest oder nur mit dem Verstand betrachtet (deutet). Sondern wenn man sie lebt, wenn man mit ihnen lebt. Wenn man somit für sich einen Bereich des Vertrauens im Leben schafft, in dem alternative Lösungen und Möglichkeiten ausprobiert werden können.

Die „Trance-Induktion", also der Start der Hypnose, der Eintritt in die eigene alternative Wirklichkeit, ist nach Auskunft von Hypnotherapeuten stets ein wichtiger, kritischer Punkt. Da zeigt sich, ob genug Vertrauen vorhanden ist, sich zu öffnen und einen noch unbekannten Raum (in sich selbst) zu betreten. *Das Pendeln bietet sich hier als ein besonders geeignetes Hilfsmittel an; es gibt kaum ein vergleichbares, ein so wirksames und altbewährtes Werkzeug der Trance-Induktion wie das Pendeln.*

Eigene Grenzen akzeptieren

Es ist gut, wenn wir uns um uns kümmern und für uns selbst sorgen (und die Heilung von Krankheiten oder Problemen nicht unmündig an einen Arzt oder Apotheker übertragen).

Doch wir sollten uns der generellen Grenzen unseres Wissens bewusst bleiben. Eine Selbsttherapie wäre bei Krankheiten und seelischen Störungen extrem fahrlässig. Andererseits gibt es auch „Heiler", zu denen wir besser Abstand halten, weil sie eben nicht helfen können, sondern unzutreffende Versprechungen machen.

Die Lösung liegt wohl darin, dass wir uns in beiden Welten *selbständig bewegen und kundig machen* – in der wirklichen Welt und der alternativen Wirklichkeit der Träume, Wünsche und Fantasien.

Dazu gehört, dass wir uns nicht scheuen, andere um Rat oder Beratung zu bitten, und dass wir aus vorhandenen Erfahrungen lernen – aus den eigenen wie aus denen anderer.

Ende eines alten Zerrbildes

Pendeln und Hypnose: Bei aller Nützlichkeit dieser Disziplinen hält sich bis heute auch ein Zerrbild von beidem. Es begann mit diversen Slapstick-Filmen. Kaum lässt da jemand seine Taschenuhr als Pendel ein paar Mal hin- und herschwingen, da fällt das arglose Opfer auch schon in Tiefschlaf und lässt allerlei skurrile und absurde Verrenkungen mit sich machen.

Noch im Dezember 2018, während der Arbeit an diesem Text, flog in einer großen deutschen Fernsehshow ein falscher „Magier" auf, der mit einer Blitzhypnose reihenweise Menschen in Trance versetzen wollte; das stellte sich jedoch als eine Absprache heraus, und die Show musste abgebrochen werden.

Das aktuelle Buch eines „Meisters der Selbsthypnose" wird von seinem Verlag so angepriesen: Er „spielt russisches Roulette mit präparierten Fallschirmen und springt dann aus einem Flugzeug, sagt Fußballergebnisse voraus und findet eine Stecknadel in der größten Stadt Deutschlands". Doch was sagt uns das? Wenn jemand *wirklich* russisches Roulett mit präparierten Fallschirmen spielt und sich dann aus einem Flugzeug schwingt, ist er nicht hellsichtig, sondern verhält sich hochgradig selbstgefährdend. Wenn jemand Fußballergebnisse richtig voraussagen kann, fragt es sich, warum er noch arbeitet. Die laufenden Tipp-Gewinne würden ihm doch ein vielfach höheres Einkommen einbringen. Solch unseriöse „Meister" sind ein Grund, weshalb ein ernstzunehmendes und wirksames therapeutisches Verfahren wie die Hypnotherapie noch immer um seinen Ruf kämpfen muss. Doch derzeit ändert sich dies, dank der Arbeit vieler Ärzte und Therapeuten. Bemerkenswerte Parallelen weist die Hypnotherapie außerdem zum therapeutischen Einsatz von Placebos auf. Diese Thematik kann hier nur angedeutet werden. Auch auf diesem Gebiet ändert sich derzeit einiges. Eine Fülle von Belegen und wirksame Praxistipps finden sich dazu in dem bekannten Werk von Eckart von Hirschhausen „*Wunder wirken Wunder*" und in anderen Publikationen.

Pendeln und Hypnose gleichen zu guter Letzt in vieler Hinsicht jeweils dem *flow*-Erlebnis. Der *flow* (das Fließen, das Im-Fluss-sein, Im-Einklang-sein, ein fließendes Lebensgefühl) wird uns heutzutage durch viele meditative und intuitive Künste zugänglich gemacht. Auf diesem Hintergrund ist es sicher kein Zufall, dass *Pendeln und Hypnose* nun auf neue Weise wiederentdeckt wurden und werden. Beide Disziplinen zählen zu den traditionellen Werkzeugen eines Dialogs mit dem Unbewussten, und beide tragen heute zu einem erweiterten Bewusstsein, zu verbesserten Lösungen und Leistungen bei. Dabei können sich diese beiden Erfahrungswelten gegenseitig wunderbar ergänzen und befruchten.

Entdecke dich selbst

Die Pendel-Tafeln

(Was möchtest du mit Tiefenentspannung und Selbsthypnose bearbeiten?)

Hinweis zur Benutzung der Pendeltafeln: Dieses Buch verfügt extra über eine stabile Fadenheftung. Damit das Buch gut aufgeschlagen mit der Pendeltafel beim Pendeln liegen bleibt, kann man ruhig die Buchhälften deutlich nach hinten biegen. Die Bindung bleibt stabil. Alternativ kann man natürlich auch die Tafeln für den eigenen Gebrauch kopieren.

Was schenkt dir Ruhe und Gelassenheit?

„Entspannung durch Anspannung“:
Lenke deine Aufmerksamkeit auf etwas,
das dich erfreut und im positiven Sinne beansprucht.
So löst du ungesunde Spannungen auf.
Was hilft dir dabei besonders gut?

1 – Zufrieden auf der Couch liegen

2 – Musik hören oder Musik machen

3 – Sport treiben oder anschauen

4 – Etwas reparieren/ein Problem lösen

5 – Mit anderen Spaß haben

6 – Einen langen Spaziergang machen

7 – Ein Tier pflegen oder besuchen

8 – Ein Geschenk machen

9 – Eine gute Mahlzeit kochen

10 – Etwas anderes

11 – Gartenarbeit

12 – Einen Ausflug machen

13 – Tagebuch schreiben

14 – Meditation

15 – Einem Freund helfen

Was erdet dich? Was bringt dich wieder

in die eigene Mitte?

Welche Art der Entspannung ist für dich wichtig?

Fast alles kann zu einer Leidenschaft werden, und fast alles kann auch zur Entspannung genutzt werden. Hier konzentrieren wir uns jedoch zunächst auf eine Auswahl der bekanntesten Entspannungstechniken: Welche davon tut dir besonders gut?

1 – Yoga in Achtsamkeit

2 – Atemübungen

3 – Progressive Muskelentspannung

4 – Gedankenreise, Traumreise

5 – Autogenes Training

6 – Tantra, Sex in Achtsamkeit

7 – Fitnesstraining in Achtsamkeit

8 – Wut ablassen, aktive Meditation

9 – Selbsthypnose, Pendeln

10 – Etwas anderes

11 – Meditation in Ruhe

12 – Tai-Chi / Qi Gong

13 – Massage, aktiv und passiv

14 – Pilates in Achtsamkeit

15 – Singen in Achtsamkeit

Welche

Entspannungsübungen

bringen dir am meisten?

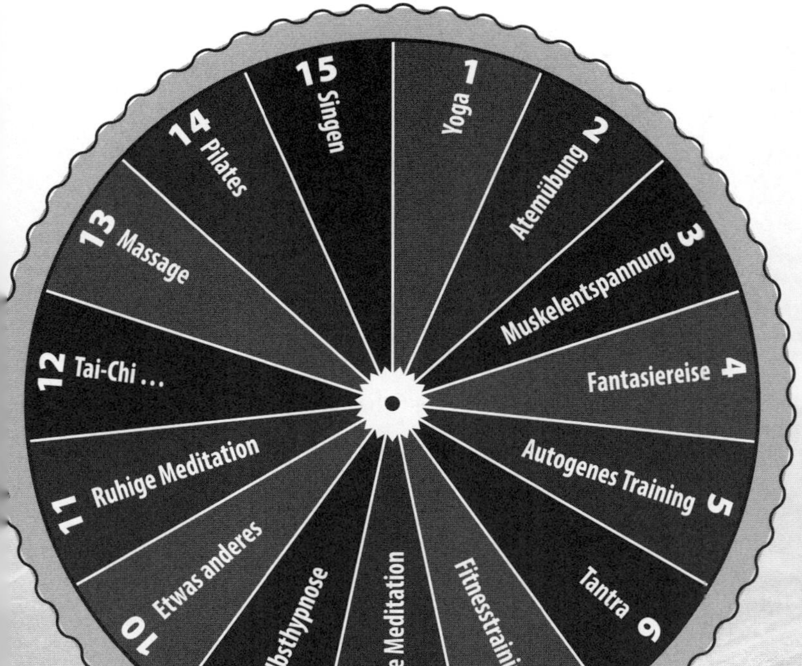

Was gibt dir Kraft und Entschlossenheit?

Wo und worin findest du die Quellen deiner Kraft?

1 – Glückliche Erfahrungen

2 – „Ich weiß, was ich will“

3 – Zu lieben

4 – Geliebt zu werden

5 – Aussicht auf Veränderung

6 – Meine Geschäftsidee

7 Vorhandene Erfolgserlebnisse

8 – Spirituelle Heimat

9 – Momente großer Dankbarkeit

Was begleitet dich?

Was leitet dich?

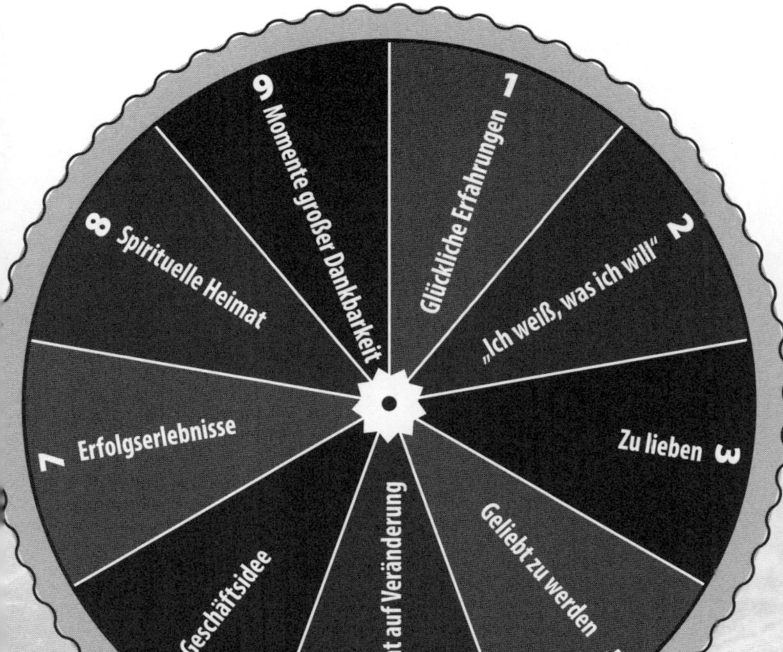

Was schenkt dir Zuversicht? Was macht dir Freude?

Die Freude, die wir in uns selbst entdecken und mit einem Gegenüber teilen, ist einer der schönsten Gründe für unsere „lange Reise durch ein kurzes Leben".

Woraus kannst du immer wieder
neue Lebensfreude schöpfen?

1 – Freundschaft
2 – Lob bekommen
3 – Feste Beziehung
4 – Öfters lachen und weinen
5 – Wut ausdrücken
6 – Etwas anderes
7 – Produktiv sein
8 – Lob spenden
9 – Neue Abenteuer
10 – Zur Ruhe kommen
11 – Persönliches Wachstum
12 – Abschied nehmen
13 – Abstand halten
14 – Für andere da sein
15 – Immer wieder verzeihen

Was sagt das Pendel zum Thema

Freude?

Was ist jetzt reif zur Ernte?

Jeder Mensch besitzt ein einmaliges Leben.
Es ist selten zu früh und nie zu spät,
daraus etwas zu machen.
Was willst du säen, was kannst du jetzt ernten?

1 – Reise, Weltreise

2 – Dich beruflich selbständig machen (dich im Beruf selbständig verhalten)

3 – In eine Ausbildung investieren

4 – Großprojekt angehen, keine „kleinen Brötchen" backen

5 – Teamwork, dich einbringen

6 – Etwas anderes

7 – Feste Beziehung

8 – Mitverantwortung/etwas für andere tun

9 – Die Familiengeschichte studieren

10 – Eine Trennung

11 – Persönliches Wachstum, neue Aufgaben

12 – Ohne Schuldgefühle leben/Entschuldigung oder Entschuldung durchführen

13 – Einen wichtigen Wunsch nicht länger verschieben

Was kannst du jetzt erreichen,

was kannst du genießen?

Was kannst du jetzt loslassen?

Gewisse Gewohnheiten oder Einstellungen kannst du jetzt loslassen.
Welche?

1 – Zuviel Offenheit
2 – Zuviel Verschlossenheit
3 – Naivität
4 – Gleichgültigkeit
5 – Etwas anderes
6 – Kindisches Verhalten
7 – Altkluges Verhalten
8 – Ballast/Gerümpel
9 – Eine alte Verbindung/Zeit für eine Trennung
10 – Altlasten aus (früheren) Beziehungen
11 – Heimlichkeiten

Was passt jetzt

nicht mehr?

Glück mit Freunden

Sag den anderen, was du von ihnen brauchst und was du ihnen geben willst. Warte nicht, bis der oder die andere es vielleicht errät. Was zeigt dir das Pendel zu diesem Thema an?

1 – Lade jemanden ein oder lasse dich einladen

2 – Habe Mitgefühl

3 – Nimm ihn/sie mit

4 – Zeit für einen Besuch

5 – Überraschung: Jemand möchte dein Freund sein, an den du gar nicht gedacht hast

6 – Was man zusammen macht, zählt

7 – Prüfe deine Gefühle

8 – Pendele weiter

9 – Hör genau zu!

Was zeigt das Pendel zum Thema

Freundschaft an?

Was jetzt **hilft** und **heilt**

Eine Zeit der Besinnung und der Heilung.
Schaffe einen Rahmen, einen Raum für dich,
in dem du zu dir kommen,
dich sammeln und neu entfalten kannst.
Was hilft dir dabei?

1 – Verarbeite deine Erfahrungen
2 – Erledige das Dringendste
3 – Reduziere die Aufgaben
4 – Erkenne die neuen Chancen
5 – Kümmere dich um dein Wohlbefinden
6 – Kümmere dich um das Wohlbefinden deiner Familie
7 – Kümmere dich um das Wohlbefinden deiner Freunde
8 – Nimm eine Auszeit/mache Urlaub
9 – Engagiere dich für ein Herzensanliegen
10 – Recherchiere, mache dich schlau
11 – Sonstiges (pendele weiter)
12 – Lass es, wie es ist
13 – Versuch macht klug

Was zeigt das Pendel zum Thema

Heilung an?

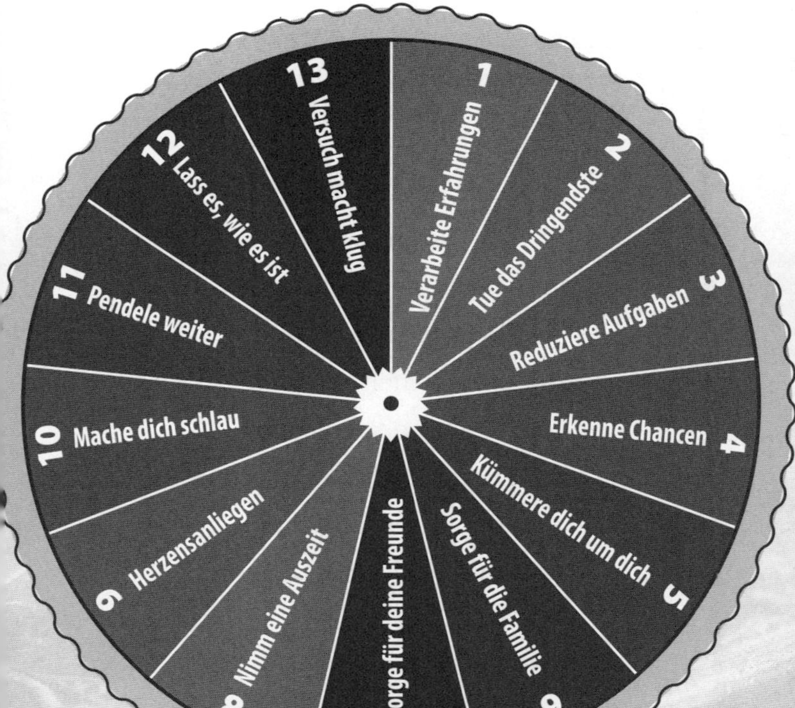

Dankbarkeit steigert den Genuss

Wir sind für eine gewisse Zeit Gast auf der Erde. Nimm dein Dasein als ein Geschenk des Lebens, mit dem du dir und anderen Freude bereiten kannst.
Wie fühlt es sich an, richtig dankbar zu sein?
Wo liegt da zur Zeit dein größtes Potenzial?

1 – Genieße, dass du hier bist

2 – Danke dir selbst

3 – Danke deinem Partner

4 – Danke deinen Freunden

5 – Danke deinen Verwandten

6 – Danke deinen Eltern

7 – Danke (deinen) Kindern

8 – Danke deinen Lehrern

9 – Danke auch Unbekannten

Was zeigt das Pendel zum Thema

Dankbarkeit an?

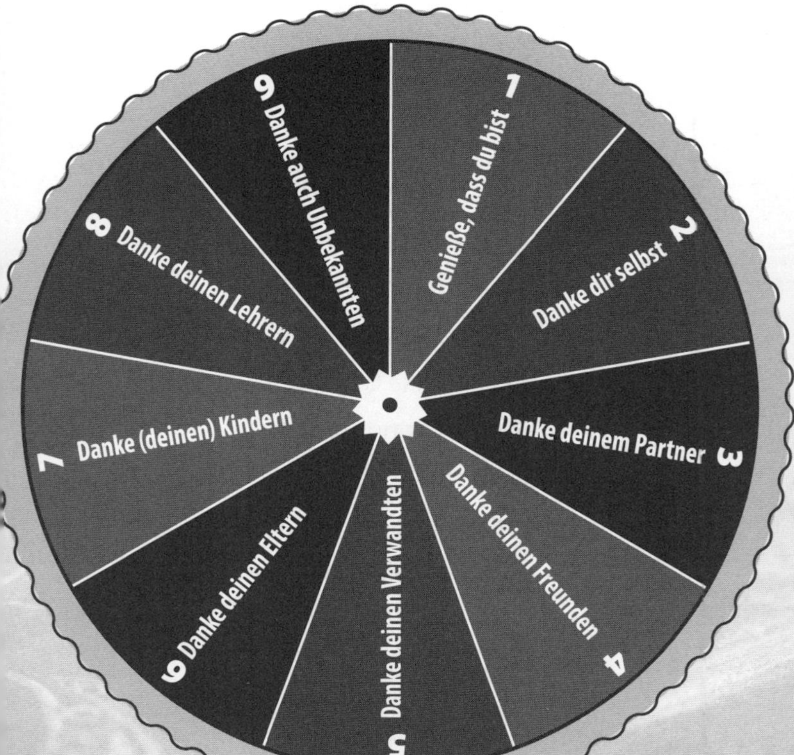

Die Kraft des Zarten

Auch in Schwächen schlummern Stärken.
Du gewinnst, wenn du Schwachstellen beachtest –
eigene und die von anderen.
Was schlägt das Pendel dazu vor?

1 – Leise sein

2 – Gut zuhören

3 – Notleidende unterstützen

4 – Deine Stimme erheben

5 – Kranke begleiten

6 – Deine Meinung vertreten

7 – Sympathien deutlich zeigen

8 – Zu ungewöhnlichen Gefühlen stehen

9 – Kritik klar vermitteln

Was sagt das Pendel zum Thema

Verletzlichkeit?

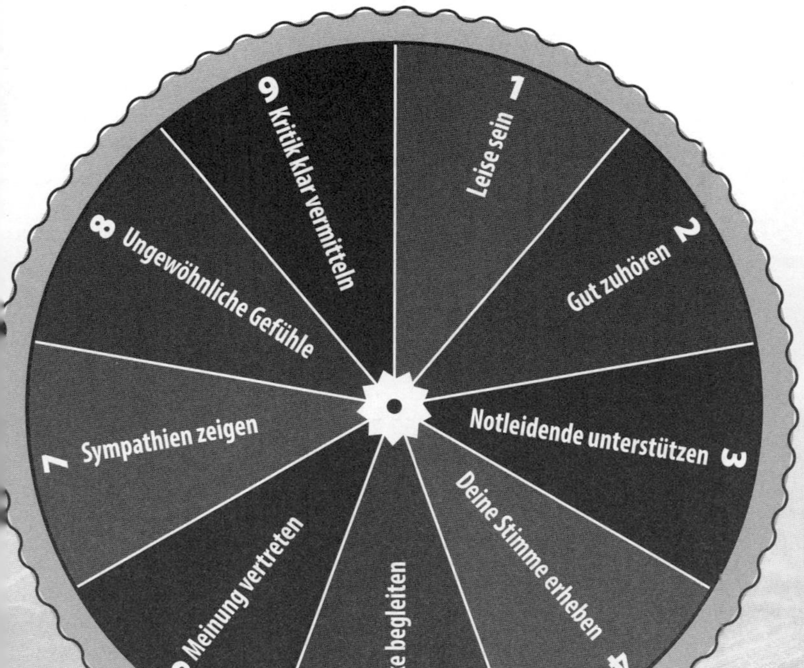

Talent für das Schicksal

Glück bedeutet, dass uns etwas glückt, dass es gut wird.
„Glück ist Talent für das Schicksal“ (Novalis).
Was heißt das aktuell für dich?

1 – Mach etwas aus dem, was da ist
2 – Nicht alles auf einmal
3 – Finde die Balance wieder
4 – Erfülle sinnvolle Wünsche
5 – Beende sinnlose Wünsche
6 – Sorge vor
7 – Lebe jetzt
8 – Etwas anderes
9 – Weiter pendeln
10 – Beseitige sinnlose Ängste
11 – Kümmere dich um berechtigte Ängste

Was zeigt das Pendel zum Thema

Glück an?

Lebendige Beziehungen

Vielen denken, Gefühle seien das Wichtigste
in einer Beziehung.
Doch das ist meist nur die „halbe Miete“:
Was ist für deine Partnerschaft
jetzt ebenfalls wichtig?

1 – Gemeinsam etwas schaffen, schöpferisch sein
2 – Zeit zusammen verbringen
3 – Etwas anderes/pendele weiter
4 – Geteilte Freude …
5 – Geteiltes Leid …
6 – Den anderen unterstützen
7 – (Mehr) Verständnis
8 – Nicht alles verstehen
9 – Geteilte Aufgaben
10 – Den Abstand ehren
11 – (Mehr) Respekt

Was sagt das Pendel zum Thema

Partnerschaft?

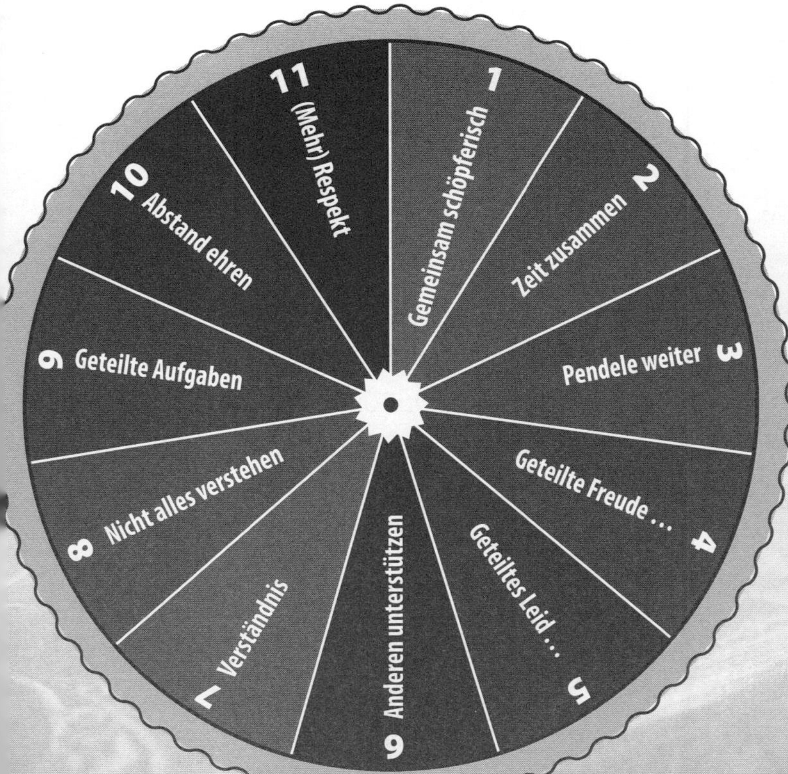

Liebeswerke:

Was *jetzt* angesagt ist

Aus spiritueller Sicht lebt nur, wer liebt.
Dabei geht es um die Liebe zu bestimmten Menschen,
auch zu sich selbst; aber auch um die Liebe
zu einer Aufgabe und anderem mehr.
Worauf kommt es dabei jetzt besonders an?

1 – Neu zuhören

2 – Tieferes Verständnis

3 – Vertrauen schenken

4 – Kritik äußern

5 – Lob spenden

6 – Sonstiges

7 – Helfen, nachfragen

8 – Abwarten

9 – Schweigen

Was sagt das Pendel zum Thema

Liebe?

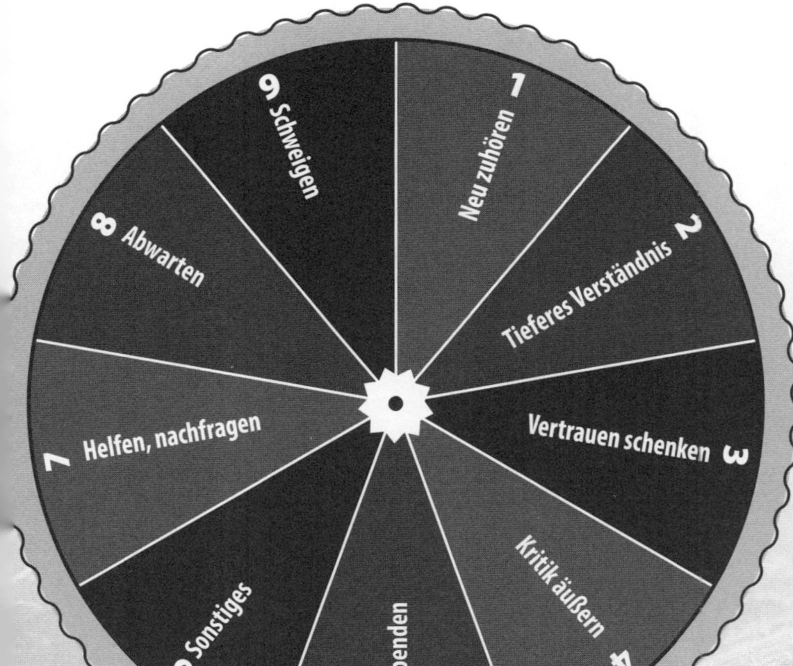

Da geht noch etwas

Mutig ist, wer sich etwas traut.
Was schwingt in dir bei diesem Thema besonders mit?

1 – Hab Mut zur Lücke

2 – Nutze den heutigen Tag

3 – Vertraue deiner Originalität

4 – Bestehe ein Abenteuer

5 – Folge deiner Sehnsucht

6 – Beziehe andere ein

7 – Handle selbständig

8 – Warte nicht auf bessere Zeiten

9 – Keine Showeffekte – bleib echt

Was zeigt das Pendel zum Thema

Mut an?

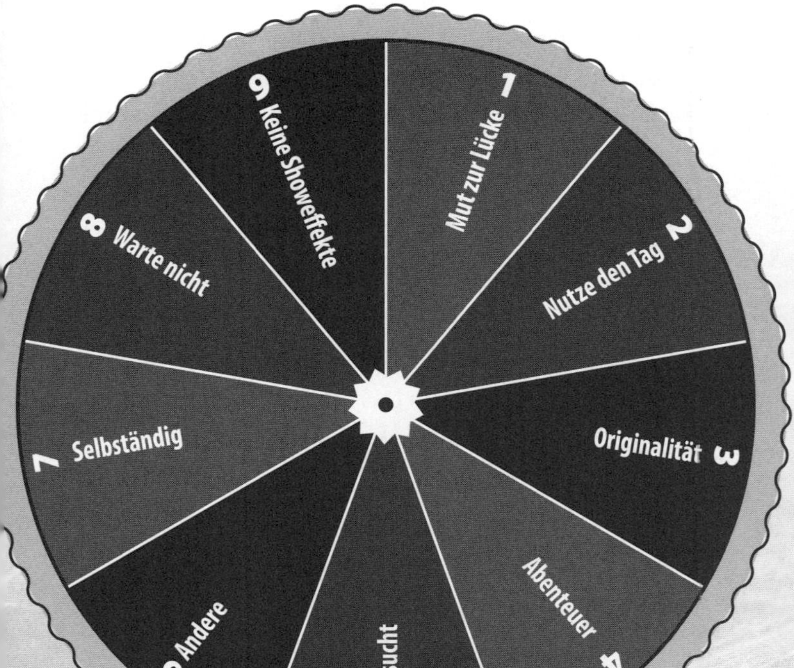

Kleine Schritte zu großen Zielen

Hab Vertrauen in deine Sicht der Dinge. Das Risiko, das jeder Entschluss darstellt, kannst du nicht durch Zögern mindern. Wie immer die nächsten Ergebnisse aussehen mögen, du wirst aus ihnen lernen und weitere Kenntnis beziehen. Welche Affirmation, welcher Satz zur eigenen Unterstützung hilft dir jetzt gut weiter?

1 – „Das schaffe ich."
2 – „Leute mögen mich."
3 – „Das lerne ich."
4 – „Ich habe gute Chancen."
5 – „Ich kann das auch allein."
6 – „Da kann man etwas machen."
7 – Sonstiges
8 – „Ich bleibe offen."
9 – „Zusammen geht's!"
10 – „Ich lerne zu verstehen."
11 – „Es ist alles im Fluss."
12 – „Ich muss nicht schweigen."
13 – „Das mache ich gerne."
14 – „Es ist mir nicht egal."
15 – „Ich bin wichtig."

Was sagt das Pendel zum Thema

Selbstvertrauen?

Persönliche Werte

Der größte Reichtum besteht darin, den eigenen Anteil an der Welt zu verstehen, nicht wahr? „Wir sind die Summe all dessen, was vor uns geschah, all dessen, was unter unseren Augen getan wurde, all dessen, was uns angetan wurde. Wir sind jeder Mensch und jedes Ding, dessen Dasein das unsere beeinflusste oder von unserem beeinflusst wurde, wir sind alles, was geschieht, nachdem wir nicht mehr sind, und was nicht geschehen wäre, wenn wir nicht gekommen wären"
(aus dem Film „Almanya", München 2011).
Was liegt für dich jetzt konkret an?

1 – Investiere in deine Entwicklung

2 – Arbeite mit anderen

3 – Schaffe bleibende Werte

4 – Setz dich für lohnende Ziele ein

5 – Wehr dich gegen Ungerechtigkeit

6 – Verringere unnötiges Leid

7 – Kümmere dich um die Zukunft

8 – Vertritt, was dir wichtig ist

9 – Der Mensch lebt für ein Extra/finde deines

Was zeigt das Pendel zum Thema

„Innerer und äußerer **Reichtum**“ an?

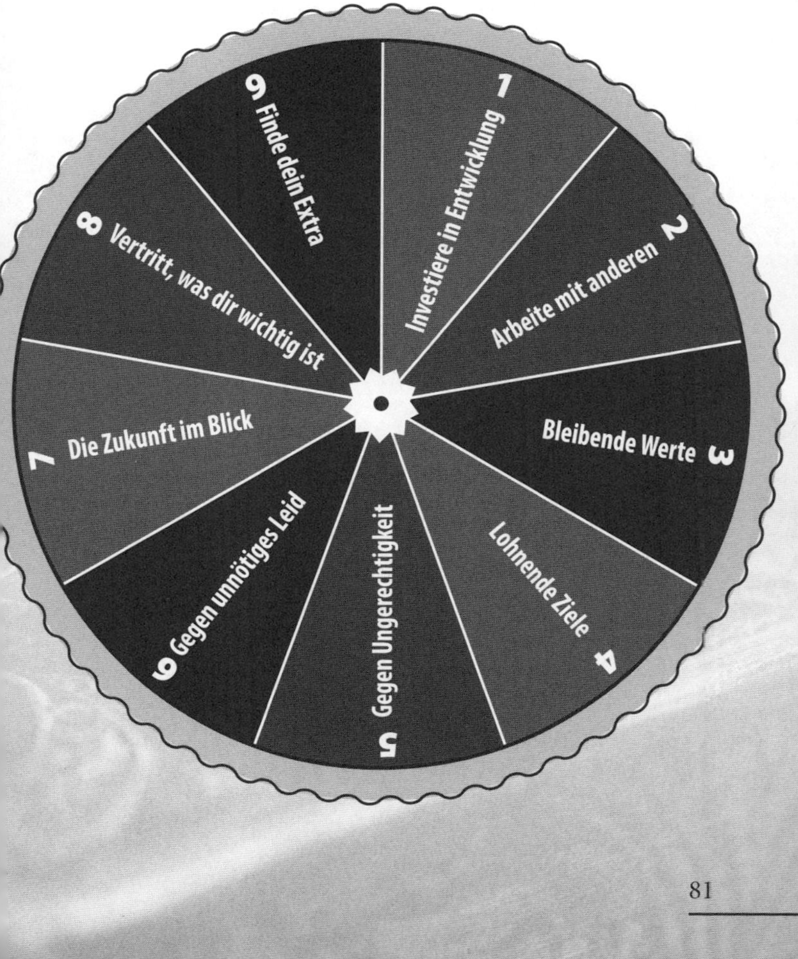

Beide Seiten sehen und verstehen

Ein skandinavisches Sprichwort lautet: „In jedem von uns steckt ein König, sprich zu ihm, und er wird hervorkommen!"
Was sagt das Pendel dazu?

1 – Ich habe Respekt verdient

2 – Die Lösung liegt im Verzeihen

3 – Ich verkaufe mich nicht

4 – Ich übe keinen Druck aus

5 – Etwas anderes / weiter pendeln

6 – Grenzen sind wichtig

7 – Ich bin ok – du bist ok

8 – Einer muss den ersten Schritt tun

9 – Ich lasse los und reibe mich hier nicht auf

Was sagt das Pendel zum Thema

Respekt?

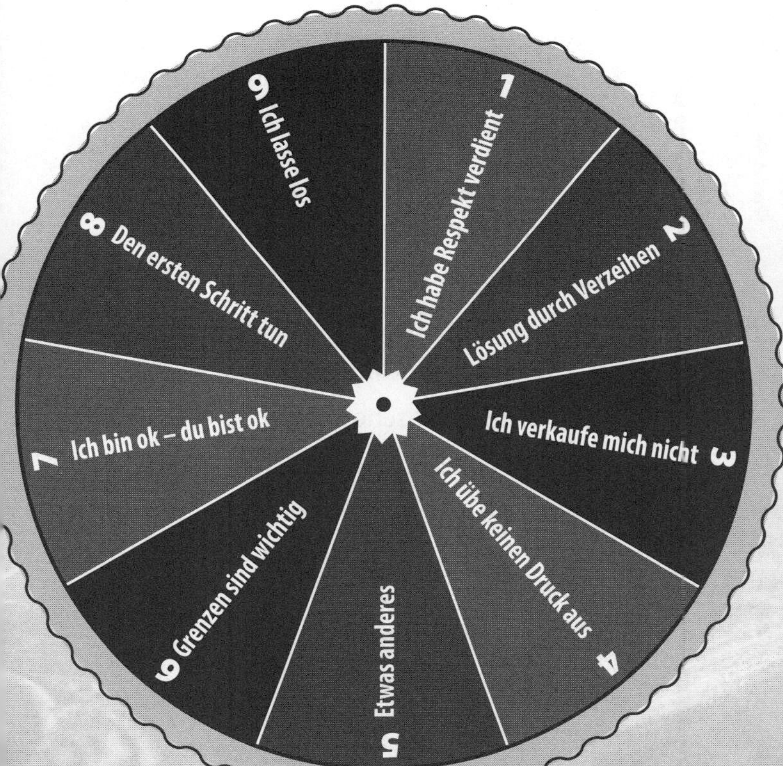

Flügel für die Seele

„Ich kann meine Träume nicht fristlos entlassen.
Ich schulde ihnen noch mein Leben“ (Frederike Frei).
Was steht für dich im Vordergrund?
Wozu könntest du jetzt eine neue Initiative starten?

1 – Tue noch heute etwas
für einen wichtigen Wunsch

2 – Etwas anderes/pendele weiter

3 – Gehe deinen Träumen auf den Grund

4 – Hole dir Unterstützung

5 – Stell deine Wünsche auf den Prüfstand

6 – Erfülle einen „verrückten“ Wunsch

7 – Genieße es, auch wunschlos glücklich zu sein

Was zeigt das Pendel zum Thema

Träume an?

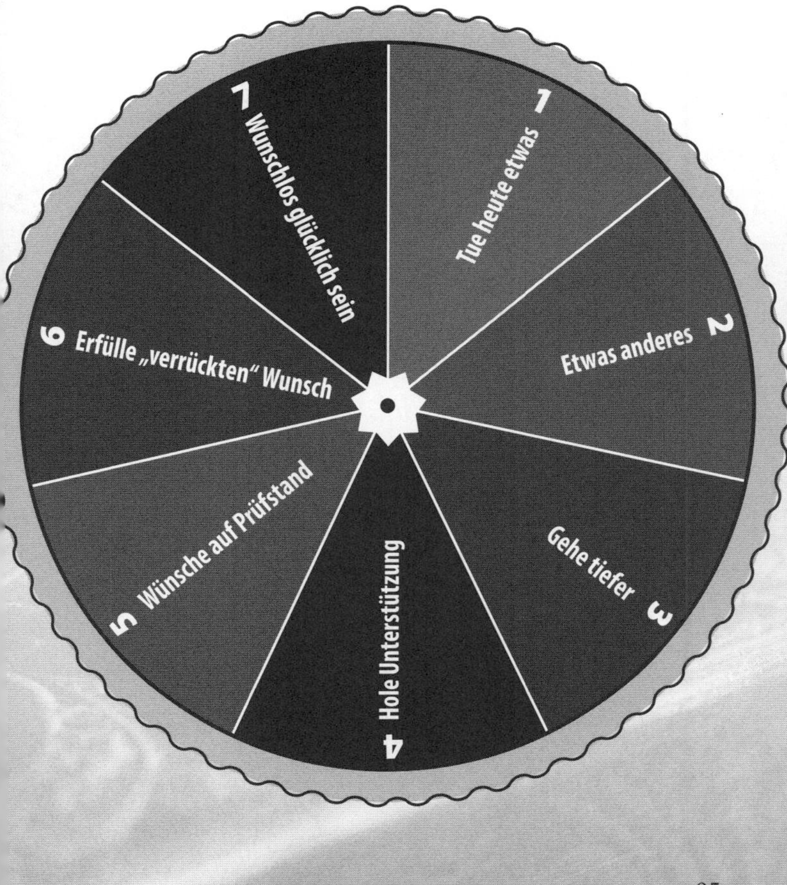

Den Puls des Lebens spüren

Was sagt dir das Pendel zu diesen Themen?

1 – Zeit für eine Pause

2 – Zeit für neue Aufgaben

3 – Etwas anderes/pendele weiter

4 – Meditiere täglich

5 – Teile eine Leidenschaft mit anderen

6 – Singe und tanze

7 – Treibe (mehr) Sport

8 – Genieße (mehr) Gesundes

9 – Riskiere (mehr) Ehrlichkeit

Was sagt das Pendel zu den Themen

Lebendigkeit und Vitalität?

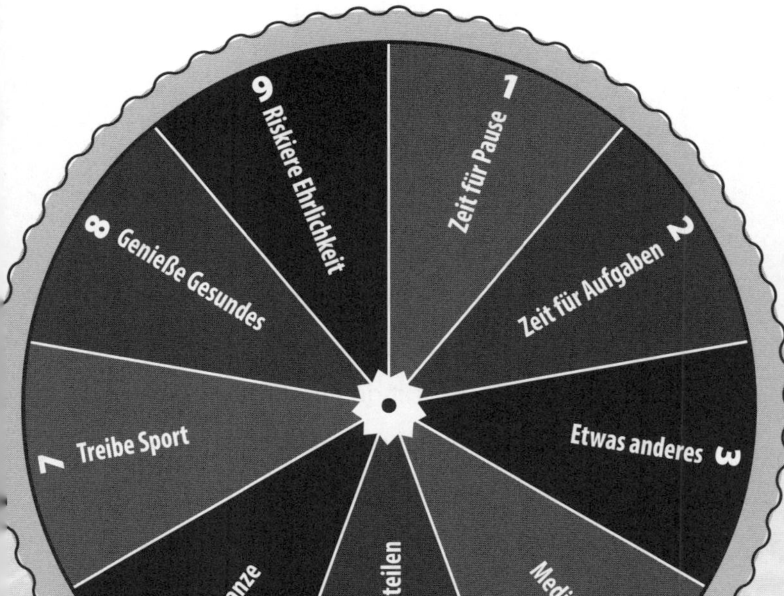

Reifen und wachsen

Alles ist schwer, bevor es leicht wird.
Was sagt das Pendel dazu?

1 – Setze dich mit deiner Vergangenheit auseinander

2 – Was willst du erschaffen?

3 – Was willst du eines Tages hinterlassen?

4 – Nutze eine berufliche Chance

5 – Sei einzig, nicht artig

6 – Wie möchtest du im Alter sein?

7 – Löse deine negativen Glaubenssätze auf

8 – Etwas anderes/pendele weiter

9 – Baue etwas von bleibendem Wert auf

Was sagt das Pendel zum Thema

Entwicklung?

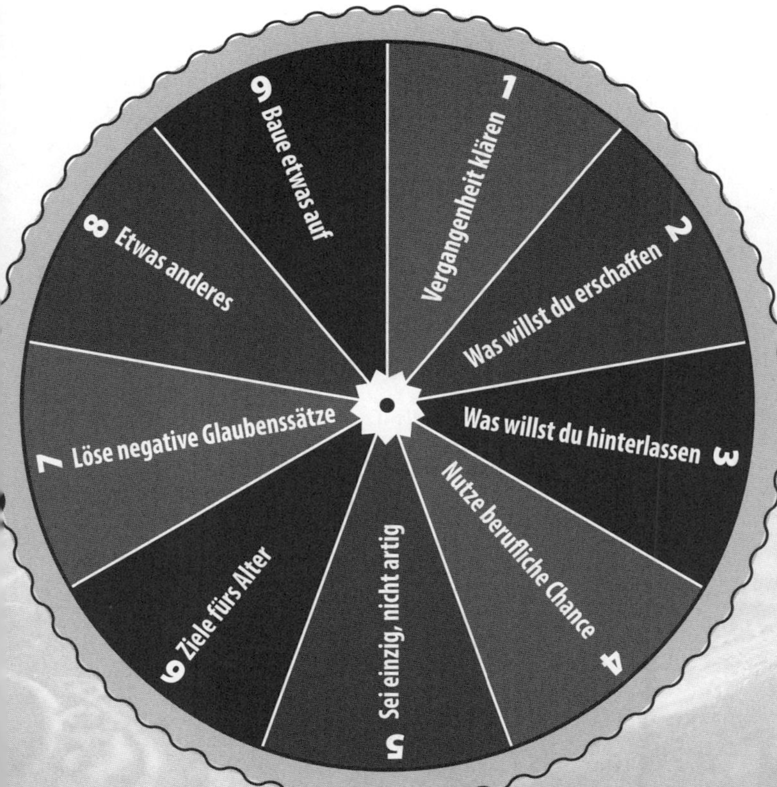

Was bleibt am Ende

Erfolg heißt, mit ganzer Kraft den Neigungen zu folgen. Das kann man sich ganz bildlich vorstellen: Man muss sich nach vorne neigen, sich vollständig hineingeben. Wie ein Wanderer auf steilem Pfad. Was spricht das Pendel dazu? Was bleibt am Ende?

1 – Neuer Reichtum, Zugewinn

2 – Neue Erkenntnisse

3 – Außer Spesen nichts gewesen/ Schlage einen neuen Weg ein

4 – Die Erfahrung lässt dich reifen

5 – Gehe weiter/Du schaffst den nächsten Schritt

6 – Etwas anderes/später pendeln

7 – Glücksmomente

8 – Menschen, die mich nicht vergessen

9 – Menschen, die ich nicht vergesse

Was zeigt das Pendel zum Thema

Erfolg an?

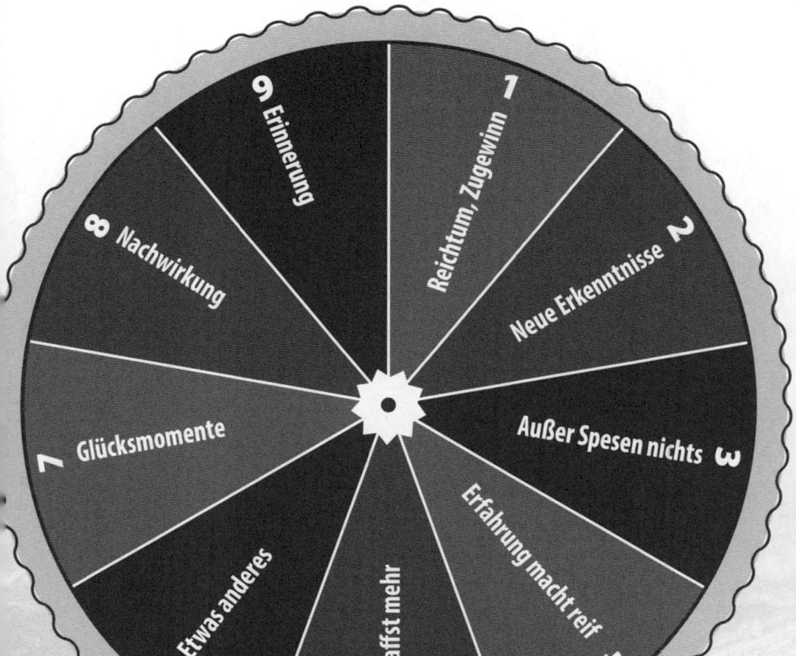

Blanko-Tafel

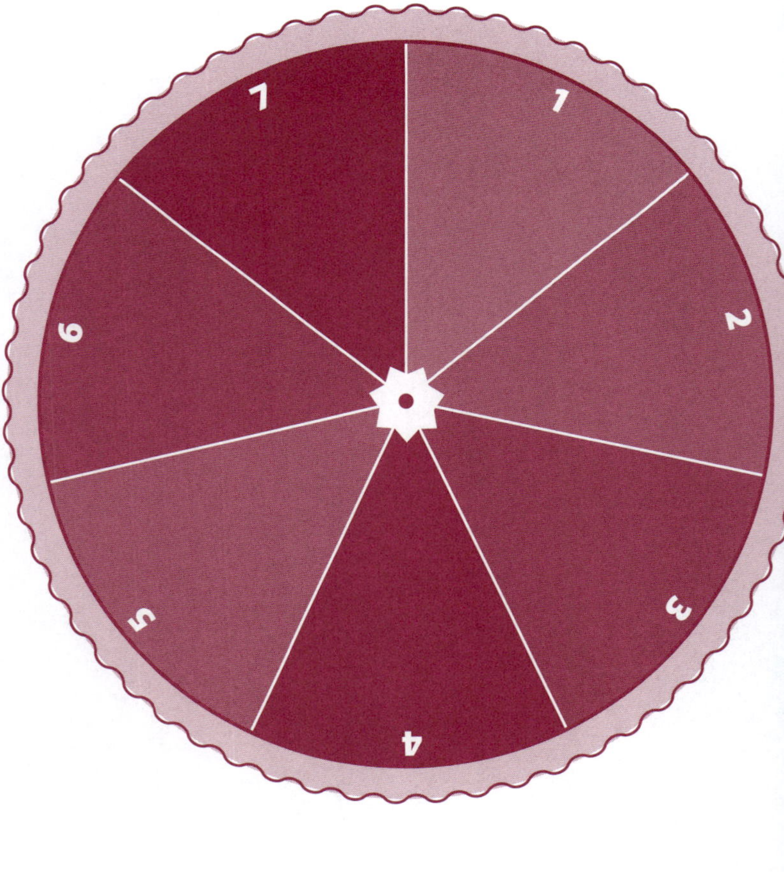

Blanko-Tafel

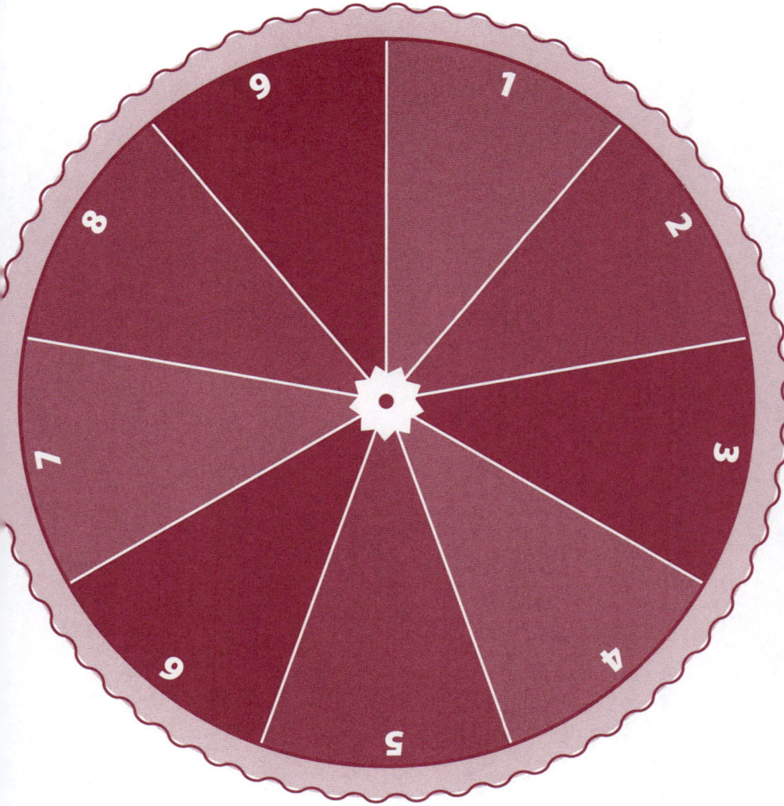

Blanko-Tafel

Literaturverzeichnis

Erickson, Milton H. *Meine Stimme begleitet Sie überallhin.* Hg. von Jeffrey K. Zeig. Stuttgart 9. Auflage 2006

Erickson, Milton H., und Rosen, Sidney *Der richtige Therapeut.* Eine Auswahl aus den Lehrgeschichten von Milton H. Erickson. Audio-CD. Salzhausen 2002

Fiebig, Johannes *Du bist, was du vergisst. Der Test.* Krummwisch 2018

Fiechter, Regula E. *Mystisches Pendeln.* Krummwisch 2010

Freund, Ulrich *Wirkfaktor Grimm – Märchen in der Hypnotherapie.* In: Revenstorf, D., und Peter, B. (Hg.) *Hypnose in Psychotherapie, Psychosomatik und Medizin.* Heidelberg 3. Auflage 2015

Hirschhausen, Eckart von *Wunder wirken Wunder. Wie Medizin und Magie uns heilen.* Reinbek 2016

Kaiser-Rekkas, Agnes *Vollmond am Strand. Tranceanleitung und hypnotische Sprache.* Heidelberg 2. Auflage 2017

Kaiser-Rekkas, Agnes *Der Bär fängt wieder Lachse: Ideomotorische Arbeit in klinischer Hypnose und Hypnotherapie.* Heidelberg 2. Auflage 2016

Kraaz von Rohr, Ingrid *Pendeln – ganz einfach.* Krummwisch, Neuausgabe 2011

Peymann, Susanne *Pendel-Box. Für Einsteiger (Pendeln – spirituell und praktisch).* Krummwisch 2. Auflage der Erfolgsausgabe 2018

Revenstorf, Dirk, und Peter, Burkhard (Hg.) *Hypnose in Psychotherapie, Psychosomatik und Medizin.* Heidelberg 3. Auflage 2015

Revenstorf, Dirk, und Zeyer, Reinhold *Hypnose lernen. Anleitungen zur Selbsthypnose für mehr Leistung und weniger Stress.* Heidelberg 12. Auflage 2016

Schröter, Juana, Peter, Burkhard, und Helle, Mark *Sigmund Freuds Einstellung zu Hypnose.* In: Zeitschrift für Hypnose und Hypnotherapie (Hypnose-ZHH), 8 (1 + 2), 2015, S. 131 ff.; auch als pdf unter www.meg-stiftung.de

Schultz, Johannes Heinrich *Das autogene Training.* Div. Ausgaben

Sher, Barbara *Ich könnte alles tun, wenn ich nur wüsste, was ich will.* München 2008

Sloboda, Iveta *Meditatives Pendeln.* Krummwisch 2008

Zeig, Jeffrey K. Zeig siehe unter Erickson, Milton H.

Übersicht der Pendel-Tafeln